障害のある子どもの 保育・教育

―心に寄り添う援助をめざして―

小竹利夫・芳野正昭・矢野洋子・猪野善弘　編著

井手裕子・内川義和・大塚　　登・岡野真弓・川邊浩史
小竹仁美・小堀晶弘・是松いづみ・雫石弘文・中村理美
本田和也・松山郁夫・八十田晶子　　　　　　　　共著

建帛社
KENPAKUSHA

はしがき

　近年，保育所や幼稚園，認定こども園など保育・教育の現場では，障害のある子ども，障害がなくても発達が気になる子ども，虐待を含めた家庭環境の問題が疑われる子どもなど，特別な配慮を必要とする子どもが増えたといわれています。そうした子ども自体が増加したのか，社会の変化を通して特別な配慮を必要とする子どもを捉えやすくなったことによるものなのかは，一概にはいえません。しかし，そのような子どもたちやケースの増加・多様化への対応の必要性を，社会が認識していることに変わりはなく，多様な子どもたちが共に育つ保育・教育が模索されるようになりました。

　これらの状況を踏まえ，保育・教育の各分野で専門職をめざす学生がこのような子どもたちを正しく理解できるよう，できるだけわかりやすく，実際に役立つ障害児保育・教育のテキストを作成することは，喫緊の課題であり，社会の要請に応えるものといえましょう。

　こうした趣旨の下，以下の点を特徴として本書の出版を企画しました。

① 　2019年度より実施の保育士養成課程，教職課程コアカリキュラムに対応した入門テキストとして編集しました。保育士，幼稚園教諭，保育教諭などをめざす学生が，一人で読んでも学べるように，わかりやすく読み手に語りかけるように執筆しました。

② 　保育所，幼稚園，認定こども園などでの実習や就職してからの実際の支援に結び付けることができるように，各章・各節に具体的なエピソードを掲載しました。

③ 　子どもの表面的な行動・態度だけでなく，気持ち（内面）に寄り添う保育・教育を基調にし，全編を通して大事にしました。

　本書が，特別な配慮を必要とする子どもの気持ち，さらにはその保護者の気持ちに寄り添い，特別な配慮を必要とする子どもの育ちを援助することができる保育者・教育者の養成に寄与することを，心から願っています。

　最後に，本書を刊行するにあたり，本書の趣旨に賛同して執筆を引き受けて下さいました執筆者の皆さま，そして企画・編集を通して温かく支えて下さいました建帛社の方々に，心より感謝申し上げます。

　2020年1月

編者一同

✳ 目　　次 ✳

第1章　障害のある子どもの保育・教育を支える理念　　1

1 障害のある子どもの保育・教育の基本 ……………………………… 1

（1）障害のある子どもとの出会い　1

（2）障害の理解から障害のある子どもの理解へ　2

（3）行動を見る視点から気持ちを見る視点へ　3

（4）気持ちを受け止め，心を育てる　4

（5）気持ちを受け止める関係から受け止め合う関係へ　5

（6）子ども同士が育ち合う関係を築く　5

（7）子どもの現在を充実させる　7

2 「障害」の概念と障害児保育の歴史的変遷 ……………………………… 8

（1）障害とは何か　8

（2）障害の概念　8

コラム　星野さんの生き方が教えてくれるもの　9

（3）障害児保育の理念　10

（4）障害児保育の歴史的変遷　10

コラム　知的発達症の子どもたちに生涯を捧げた石井筆子　11

3 障害のある子どもの地域社会への参加・包容および合理的配慮 …………… 13

（1）地域社会への参加　13

（2）障害者差別解消法　14

（3）合理的配慮　15

（4）インクルージョン（Inclusion）　17

（5）障害のある子どもを地域で支援するための専門的役割　18

コラム　自然に接する子どもたち　20

第2章　肢体不自由・知的発達症のある子どもの理解と援助　　21

1 肢体不自由のある子どもの理解と援助 …………………………………… 21

（1）肢体不自由のある子どもの理解　21

（2）肢体不自由のある子どもへの援助の方法　22

2 知的発達症のある子どもの理解と援助 ･･･････････････････････････ 27

（1）知的発達症のある子どもの理解　27

（2）知的発達症のある子どもへの援助の方法　30

（3）ダウン症の子どもへの援助　34

（4）関係機関との連携　35

コラム　ルールを変える　36

第3章　視覚障害・聴覚障害・言語障害のある子どもの
理解と援助　38

1 視覚障害のある子どもの理解と援助 ･･･････････････････････････････ 38

（1）視覚障害のある子どもの理解　38

（2）視覚障害のある子どもへの援助の方法　40

2 聴覚障害のある子どもの理解と援助 ･･･････････････････････････････ 44

（1）聴覚障害のある子どもの理解　44

（2）聴覚障害のある子どもへの援助の方法　46

3 言語障害のある子どもの理解と援助 ･･･････････････････････････････ 49

（1）構音障害（語音症）のある子どもの理解　49

（2）吃音（小児期発症流暢症）のある子どもの理解　52

コラム　コミュニケーションの工夫　54

第4章　発達障害のある子どもの理解と援助　56

1 自閉スペクトラム症のある子どもの理解と援助 ･･･････････････････ 56

（1）自閉スペクトラム症のある子どもの理解　56

（2）自閉スペクトラム症のある子どもへの援助の方法　58

2 注意欠如・多動症のある子どもの理解と援助 ･･･････････････････････ 64

（1）注意欠如・多動症のある子どもの理解　64

（2）注意欠如・多動症のある子どもへの援助の方法　66

3 学習障害のある子どもの理解と援助 ･･･････････････････････････････ 69

（1）学習障害のある子どもの理解　69

（2）学習障害のある子どもへの援助の方法　70

コラム　一緒に空を見る　71

第5章　重症心身障害のある子ども，医療的ケアを必要とする
　　　　子どもの理解と援助　　73

1　重症心身障害のある子どもの理解と援助 ……………………………73

（1）重症心身障害のある子どもの理解　73

（2）重症心身障害のある子どもへの援助の方法　75

2　医療的ケアを必要とする子どもの理解と援助 ………………………78

（1）医療的ケアを必要とする子どもの理解　78

（2）「医療的ケア児」への援助の方法　80

コラム　小さな変化に感動　81

第6章　その他の特別な配慮を要する子どもの理解と援助　　82

1　児童虐待を受けた子どもの理解と援助 ………………………………82

（1）児童虐待を受けた子どもの理解　82

（2）児童虐待を受けた子どもへの援助の方法　83

2　貧困家庭の子どもの理解と援助 ………………………………………84

（1）貧困家庭の子どもの理解　84

（2）貧困家庭の子どもへの援助の方法　86

3　外国人の家庭の子どもの理解と援助 …………………………………86

（1）外国人の家庭の子どもの理解　86

（2）外国人の家庭の子どもへの援助の方法　87

4　気になる子どもの理解と援助 …………………………………………88

（1）気になる子どもとは　88

（2）気になる子どもの理解　88

（3）気になる子どもへの援助　89

コラム　人に愛された子どもは，人を愛することができる　90

第7章　障害のある子ども等の保育・教育の実際　　91

1　指導計画および個別の支援計画の作成 ………………………………91

（1）指導計画（日案・週案・月案・年案）　91

（2）特別な配慮を必要とする子どもの指導計画　91

（3）個別の支援計画　92

2 **個々の発達を促す生活や遊びの環境** ························· **96**

（1）子どもとの関係づくり　96

（2）一日の生活の流れと環境づくり　97

（3）遊びの環境づくり　101

3 **子ども同士の関わりと育ち合い** ······························· **102**

（1）子どもとの間に信頼の糸を紡ぐ　102

（2）子ども同士のつながりをつくる　104

（3）集団の中での育ち合いと課題　105

4 **障害のある子ども等の健康と安全** ··························· **107**

（1）子どもの健康管理　108

（2）疾病の把握　109

（3）事故防止　109

（4）安全対策　110

5 **職員間の連携・協働** ··· **111**

（1）なぜ連携・協働は必要なのか　111

（2）組織としての子ども理解　113

（3）保育所・幼稚園等に求められること　114

コラム　踏み切りを作る　115

第8章 **家庭および地域・関係機関との連携** 　　117

1 **保護者や家族に対する理解と支援** ··························· **117**

（1）家庭への支援の必要性　117

（2）障害を受容するとは　118

（3）保育の場での保護者支援　120

（4）きょうだい児支援　122

2 **保護者間の交流や支え合いの意義とその支援** ··············· **123**

（1）保護者間の交流や支え合い　123

（2）保護者間の交流や支え合いの支援　123

3 **障害のある子どもを支援する制度と地域における連携・協働** ····· **124**

（1）障害のある子どもと家族への福祉支援を行う相談機関　124

（2）障害のある子どもと家族への療育による支援　126

（3）障害のある子どもの自立や社会参加を促進する制度　127

4　小学校等との連携 ·· **129**

（1）障害のある子どもの就学の場について知っておくことの必要性　129

（2）障害のある子どもの就学の場（特別支援教育の場）　130

（3）就学相談と就学までの流れ　131

（4）小学校等との連携　133

コラム　お母さんの思い　135

第9章　障害のある子ども等の保育・教育に関わる現状と課題　137

1　障害のある子ども等への保健・医療・福祉における現状と課題 ················· **137**

（1）障害のある子ども等に対する母子保健施策　137

（2）保育所等における障害児保育の現状と課題　139

（3）障害児支援ニーズの多様化への対応　140

（4）障害のある子ども等への保健・医療・福祉における課題　142

2　特別支援教育における歴史と現状 ··· **142**

（1）日本の障害児教育の歴史　142

（2）特別支援教育の現状と課題　145

3　支援の場の広がりとつながり ··· **148**

（1）保育所等訪問支援　148

（2）放課後等デイサービス　149

（3）民間のサービス（支援活動）　150

コラム　障害児の理美容サービス　151

索　　引 ··· 153

第 1 章

障害のある子どもの保育・教育を支える理念

1 障害のある子どもの保育・教育の基本

■（1）障害のある子どもとの出会い

　保育者を目指して養成校で学ぶ学生は，在学中に保育所や幼稚園，認定こども園へ実習に行きます。最近では多くの保育所や幼稚園や認定こども園で障害のある子どもを受け入れていますから，実習先で障害のある子どもに出会う機会は必ずと言ってよいくらいあります。実は，その出会いが保育・教育全般に対する学びを深めてくれます。

　次のエピソードは，ある学生が実習先で出会った障害のある子どもとの関わりを報告したものです。この短いエピソードの中にも，子どもに対する理解の仕方や関わり方のヒントがたくさん含まれています。

エピソード1−1　　気持ちに寄り添って見えたもの[1]　　　　【幼稚園での実習】

　障害のあるA君（4歳・男児）は，集団行動がうまくできず，すぐに保育室から出て行ってしまいました。ある日，帰りの会の時間に，一人で保育室を飛び出し，隣の保育室へ入ってしまいました。A君は立ったまま動かず，じっと時計を見ていて，私が何と声を掛けても保育室に帰ろうとはしませんでした。

　私はA君がなぜそんなに時計が気になるのか，自分の保育室の時計ではだめなのか知りたくなり，A君と同じ目線の高さになるようにしゃがんでみました。すると，時計の秒針が太陽の光に反射して，1秒1秒きらきらと輝いていました。私はとても感動したと同時に，A君はこの光が好きで見とれてしまっていたのだとわかりました。A君の保育室では時計の場所が日陰になっていたため光がありませんでした。

　私は「きれいだね」と声を掛けながら，少しの間一緒にその光を見ました。その後「また明日も見ようね」と声を掛けると，A君は自分から保育室に帰っていきました。

【学生A．S．】

　学生は，「なぜA君は保育室を飛び出し，隣のクラスの時計が気になるのか？」と疑問を持ちました。このように，「なぜだろう？」と考えることが，子どもの気持ちを理解するための大事なポイントになります。

　学生はA君と同じ目線で時計を見て，秒針が輝いていることに気づきまし

た。子どもと同じようにやってみるとその子の世界が見えてくることがあります。学生は，「きれいだね」とA君の気持ちを言葉にしました。この瞬間，A君は自分が理解されたことを知り，学生を信頼できる人として受け入れたのではないでしょうか。A君の気持ちを知ることで，学生はA君を「繊細な感性を持った子」として肯定的に見るようになりました。A君との出会いは，その後学生が子どもの気持ちを見る視点を育むきっかけになったことでしょう。

　いかがでしょうか。先ほど「障害のある子どもとの出会いが保育・教育全般の学びを深める」と述べた意味が，何となく理解できたのではないでしょうか。

　次に，障害のある子どもの保育・教育の基本原則について，少し詳しく見ていきましょう。

■（2）障害の理解から障害のある子どもの理解へ

　はじめに，障害のある子どもを理解するとはどういうことか考えてみましょう。各種障害の定義や特性を知ることによって，障害のある子どもの一般的な理解を深めることが可能となるでしょう。一方で，ダウン症候群[*1]や自閉スペクトラム症[*2]と言われる子どもたちは一人ひとり違い，それぞれ個性を持った独自の存在です。保育者は，実際に目の前にいる子どもと関わることを通して，子ども一人ひとりの理解を深めることが大切になります。

＊1　ダウン症候群については,第2章2 (p.29)を参照。

＊2　自閉スペクトラム症については，第4章1を参照。

エピソード1－2　**気持ちを理解する**[2]　　　　　　【保育所での実習】

　自閉スペクトラム症のB君（5歳）は，人懐っこく，笑顔のすてきな男の子でした。
　ある日，クラスの男の子が，B君が落とした弁当のゴム紐を拾いB君に返してくれました。B君はそれを受け取り，床の上に置きました。男の子は，隣の席が空いていたので「そこに置いたほうがいいよ」と言い，そのゴム紐を拾い席に置きました。しかし，B君は「うー，うー」と言い，再び床に置きました。2人は，そのようなやりとりを何度か繰り返しました。すると，周りの子どもたちが「B君は床に置きたいんだよ」「そのままでいいんだよ」と声を掛け，その男の子もわかったらしく，「じゃあ，床に置いておくね」とB君に言いました。
　子どもたちは，B君の障害はわからないけれど，B君の気持ちは理解しているみたいで，とてもよいクラスだなと思いました。私は男の子に「ありがとう」と声を掛け，B君にも「よかったね」と声を掛けると，B君はニコニコ笑ってくれました。

【学生S．A．】

　このエピソードは，小さい頃から一緒に生活している子どもたちは，障害については詳しく知らなくても，その子の気持ちをちゃんと理解することができるということを示しています。

　自閉スペクトラム症という診断名を知ることで，障害の特性に応じた対応を考えることが可能となります。一方で，自閉スペクトラム症というフィルターを通して子どもを見ることで，その子の気持ちが見えにくくなることもあるの

で注意が必要です。そのような時は，いったんフィルターをはずして，真っ白な心で子どもを見ると，その子の気持ちが見えてくることがあります。

　次に，子どもを理解するために大切な視点について考えてみましょう。

■（3）行動を見る視点から気持ちを見る視点へ

　津守真は，「行動は，子どもが心に感じている世界の表現である」[3]と述べています。障害のある子どもは，一見不可解な行動を取ることがあります。そのような行動にも必ず意味があり，大切な気持ちが隠されています。表面的な行動だけを見ていては，その子を問題視して，戸惑ったり，制止したり，叱責したりと的外れな対応をしてしまいがちです。行動の奥にある気持ちを見ようとすることで，その子をより深く，肯定的に理解することが可能になります。

　行動は目にとまりやすいのに対して，気持ちは見えません。そのことが，気持ちを見ることを難しくしています。しかし，子どもの気持ちに寄り添う保育・教育を実現するためには，見えない気持ちを見る「心の目」を持つことが必要です。保育者は，図1−1のように，行動だけを見る視点（①）を，行動を通してその奥にある気持ちを見る視点（②）に変換することが求められます。

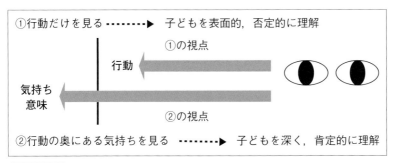

①行動だけを見る ・・・・・・・▶ 子どもを表面的，否定的に理解

①の視点

行動

気持ち
意味

②の視点

②行動の奥にある気持ちを見る ・・・・・・・▶ 子どもを深く，肯定的に理解

図1−1　子どもを深く，肯定的に理解するための視点の変換（①→②）

　次のエピソードは，筆者が県の巡回相談事業の一環で幼稚園を訪問した際，幼稚園の先生から聞いた話を要約したものです。

エピソード1−3　「乱暴な行動」の意味[4]

　C君（3歳・男児）は発語がなく，幼稚園では一人で好きな虫の図鑑を見たり，園庭で虫を探したりして過ごしていました。そんなC君が，両手を合わせて突き出し（イラスト参照），他の子を押すことがありました。体の大きなC君に押されると，どの子も押し倒されてしまいます。担任の先生は，他の子をいじめていると思って厳しく叱りましたが，C君の行動はなかなか収まりませんでした。

　ある日，先生は，C君が両手を前に伸ばしてクワガタ虫のあごのはさみのような形を作っていたので真似をしてみました。すると，C君は先生の手を取って例の両手を合わせて突き出す形に変えて，自分はクワガタ虫のあごのはさみのような形をしてぶつかってきました。その時初めて先生は，両手を合わせて突き出す形はカブト虫の角を表していて，C君はカブト虫になったつもりで他の子どもと遊びたかったのだということに気づきました。

　そのことを他の子どもたちに説明すると，子どもたちも納得してくれて，それ以後C君に押されて訴えにくることはなくなり，C君とカブト虫ごっこを楽しむようになりました。

　担任の先生は，C君の行動を真似してみて，その意味に気づきました。先生は子どもたちにそのことを伝え，子どもたちも納得しました。

　このエピソードからも，子どもの「困った行動」にも意味があり，その子の大切な気持ちが隠されていることがわかります。保育者は，「困った行動」だけを見て制止したり，叱ったりするのではなく，子どもの行動の奥にある気持ちを理解する姿勢が求められます。

■（4）気持ちを受け止め，心を育てる

　次に，保育者が子どもの気持ちを理解し受け止めると，子どもはどう変わるのか考えてみましょう。

　子どもは，自分が無条件で愛されていると思えた時，人を好きになり，自分を好きになることができるのではないでしょうか。すなわち，保育者が子どもの気持ちを理解し，受け止めると，その子は人を信頼し，自分に自信を持ち，安心して生活できるようになると考えることができます。そして，このような信頼や自信，安心といった豊かな心が育つと，その子は自分から世界を広げていくことができるようになると考えることができます。

エピソード1－4　**不安な気持ちを理解する**[5)]　　　　　　　　【幼稚園での実習】

　私が実習させてもらったクラスに，保育室でよく走り回り，転ぶ真似をしてクラスのみんなや先生の目を引く男の子がいました。先生は「保育室では走らないで」「転んだら危ないよ」などその子に声を掛けていましたが，毎日そのようなことがありました。

　私がそのことを先生に聞いてみると，「今，母親が妊娠中で，不安定になっているの。父親も仕事で忙しいから，園で気を引きたいみたい」と言っていました。それで，私は，次の日からその子と外で遊ぶようにしました。見かけたら声を掛けて，少しでも接することができるようにしました。すると，その男の子は保育室で走らなくなり，代わりに私の所に来るようになりました。

　子どもの不安な気持ちを察し，それに応えることにより子どもも応えてくれることがわかりました。子どもの気持ちを理解することによって，接し方も変わるなと思いました。

【学生H．R．】

このエピソードでは，学生は保育室を走り回る男の子の不安な気持ちを察して，注意するのではなく，その子と遊ぶようにしました。たとえ行動は受け入れ難くても，気持ちを受け止めることはできます。このエピソードは，気持ちに寄り添った対応を取り続けることで不安が安心や信頼感に変わり，結果的に「困った行動」は減少，消失していくということを示唆しています。

■（5）気持ちを受け止める関係から受け止め合う関係へ

これまで，保育者が子どもの気持ちに気づき，気持ちを受け止めることが大切だと述べてきました。これに対して，子どもの気持ちを受け止めてばかりいると「わがまま」になるのではないかと心配する声があります。しかし，保育者が子どもの気持ちを受け止めることで信頼関係が深まり，信頼関係が深まると子どもも保育者の言葉に耳を傾け，「こうしてほしい」という保育者の願いを納得して受け止めてくれることが多くなります。

次のエピソードは，市の「心理発達相談」に来た母親から，当時相談員をしていた筆者が聞いた話を要約したものです。

エピソード1−5　　子どもがしていることに付き合う[6]

　D君（4歳・男児）は母親と一緒に市の「心理発達相談」に訪れました。その時，母親は「水たまりや側溝などに石を投げ入れるのが好きで，止めさせるのに苦労します」と相談しました。これに対して，私は「子どもがしていることに大人がまず十分付き合ってあげるとよいですよ。その後で誘うと，今度は子どもが大人に付き合ってくれますよ。D君が石を投げたら，お母さんも一緒に石を投げてみたらどうですか」と話しました。
　その後，D君が水たまりに石を投げた時，母親は一緒に水たまりに石を投げてみました。すると，D君はうれしそうにどんどん石を投げ入れました。これまではいつも無理やり連れて帰っていたのに，この時は少し経ってから母親が「おしまいにしよう」と誘うと，すんなり帰る気になったそうです。

いつもは制止するか見守るだけの母親が一緒に石を投げた瞬間，D君と母親の気持ちがつながったのではないでしょうか。だからこそD君は，母親の言葉に耳を傾け，「おしまいにしよう」という言葉に従ったのでしょう。

■（6）子ども同士が育ち合う関係を築く

障害の有無に関係なく，人は皆，支え合いながら生活しています。子ども同士が思いやりの心を持って育ち合う関係を築くにはどうすればよいのでしょうか。ここでは，学生が書いた実習のエピソードを通して，子ども同士が育ち合う関係を築くために何が大切かを見ていきましょう。

1）障害のある子どもとない子どもが一緒に生活する

いろいろな人が一緒にいる社会が健全な社会です。違いを理由に「障害児」「健常児」等と分けるから偏見や差別が生まれるのではないでしょうか。小さい時から障害のある子どもとない子どもが一緒に生活する環境が，お互いの違いを個性として尊重し合い，共に育ち合う関係を築く土台になります。

エピソード1－6　共に育ち合う[7)]　　　　　　　　　　　　【保育所での実習】

　年長児に発達障害のあるE君という男の子がいました。日直は給食をみんなの机まで運ぶのですが，日直だったE君は，どこに置けばよいのかわからず，給食を持ったまま戸惑っていました。私が教えてあげようとE君に近づこうとした時，担任の先生が「見ていてあげて」と言うので見ていたら，同じ日直だったFちゃんが「E君こっちだよ」，他の友だちも「ここに置くんだよ」とE君に教えてあげていました。

　また，日直は前に出て挨拶をします。E君が自分のロッカーの前で座り込んでしまった時，近くにいたFちゃんとGちゃんが「E君，ご挨拶だよ」「前に行こう」と言い，E君と一緒に日直のお手伝いをしてくれました。他の子も常にE君を気にしていて，とてもやさしい子どもたちばかりでした。先生方が何も言わなくても皆で協力しながらE君を支えている姿を見て，とてもやさしいクラスだと心が温まりました。

　先生に話を聞くと，「E君がいることによって，周りがとてもしっかりした子どもに育った。E君にとってもいい環境になった」と言っていました。E君はいつも笑顔でとてもかわいい子です。その笑顔があるのも周りの子どもが支えてくれているからなのかなと思いました。共に育ち合う，とてもすてきな子どもたちの様子が見られてよかったです。

【学生 I．H．】

　このエピソードは，障害のある子どもとない子どもが小さい頃から共に生活する中で，障害がある子どもが助けてもらうだけでなく，障害がない子どもも違いを個性として認めて，相手を思いやることの大切さを学んでいることを示唆しています。また，このような育ち合う関係が成立するためには，子どもを信じて温かく見守る保育者の姿勢も重要になります。

2）思いやりの心を育てる

　子どもたちに思いやりの心を育てるために保育者はどうすればよいのか，その手がかりを実習のエピソードから，さらに探ります。

エピソード1－7　思いやりの心[8)]　　　　　　　　　　　　【幼稚園での実習】

　3歳児クラスに入った時，H君という男の子がいました。H君はいつも「先生，鼻水出ちゃった」「タオル貸して」と声を掛けてきました。そのたびに私は，ティッシュで鼻をふいてあげたり，ハンカチを貸してあげたりしました。

　ある日，外で遊んでいたIちゃんが「手を洗ったら，手がぬれて靴が履き替えられない」と言っていました。すると，それを見ていたH君が「僕のハンカチ貸してあげるよ」と言って，自分のポケットからハンカチを取り出してIちゃんに貸してあげました。Iちゃんは「ありがとう」と言って，H君のハンカチで手をふきました。私が，「H君えらいね。やさしいね」「I

ちゃん，よかったね。お礼が言えてえらかったね」と言うと，2人とも満足そうに部屋に入っていきました。

　自分がしてもらったことを今度は困っている友だちにしている姿を見て，ちょっとした行動からお互いの思いやりの心を育んでくれているのかなと思いました。

【学生 S．H．】

　このエピソードは，子どもが困っている時，自力で解決できるように援助することも大事ですが，大人が助けることで，子どもの心の中にやさしい気持ちや友だちを大切に思う気持ちが育つことを示唆しています。人にやさしくされた経験は思いやりの心を育み，誰かに助けてもらった経験は次に誰かを助ける力になっていくでしょう。

3）子ども一人ひとりを大事にする

　障害があると，他の子どもに比べて配慮や援助を必要とすることが多くなります。しかし，障害のある子どもだけを特別扱いすると，他の子どもから不満が出ることがあります。障害の有無に関係なく，どの子も配慮や援助を必要としています。自分が大事にされているという実感があれば，そのような不満を抱くことはなくなるのではないでしょうか。

▊（7）子どもの現在（いま）を充実させる

　子どもに障害があると，保護者はその障害を軽減することに心を奪われ，子どもの気持ちを見失うことがあります。あるお母さんは子育てを振り返って，「子どもが小さい時，親は訓練が大事だと言われればそうだと思い，全体を見る余裕がなかった。障害ばかりを見て育ててきた」と語っています。子どもに障害があっても，親が「今のあなたが大好きだよ」と子どもをありのまま受け入れた時，親子関係が好転します[9]。

　子どもが始めた行動の中に，子どもの現在（いま）の気持ちがあります。保育者は，子どものそうした気持ちを見る視点や，子どもが始めたことを一緒に楽しむ姿勢を保護者と共有することが大切です。そのような保育者や保護者との関係の中で，子どもは現在を充実させ，豊かな心を育むことができるのではないでしょうか。

　これまで，障害のある子どもの保育・教育における基本原則について述べてきました。子ども一人ひとりを丁寧に見ていく障害のある子どもの保育・教育は，保育・教育全般の原点と言っても過言ではないでしょう。

2 「障害」の概念と障害児保育の歴史的変遷

（1）障害とは何か

もし，「障害とは何か」と問われたら何と答えるでしょう。きっと，「手足が不自由であること」「目が見えにくいこと」「耳が聞こえにくいこと」などと答えるのではないでしょうか。それはとても自然な答えだと思います。しかし，障害に対してそのような理解をしているとしたら，障害のある子どもを目の当たりにしたときには，きっと「障害のある子どもはかわいそう」とか，「障害のある子どもの役に立ちたい」などと思ってしまうかもしれません。

これらの思いは，一見「やさしさ」や「温かさ」ともとれますが，見方によれば，障害のある人とない人とを切り離しているとも捉えられます。それでは，障害に対してどのような理解をすることが大切なのでしょうか。

（2）障害の概念

2001（平成13）年に，障害の概念を大きく転換する出来事がありました。WHO（世界保健機関）による ICF（International Classification of Functioning, Disability and Health：国際生活機能分類）の採択です。それまでは，1980（昭和55）年に WHO の示した ICIDH（International Classification of Impairments, Disabilities and Handicaps：国際障害分類）が広く知られていました（図1－2）。しかし，ICIDH は，「環境の位置付けが曖昧であること」「機能・形態障害，能力障害，社会的不利は一直線ではなく，環境との双方向に影響し合うこと」

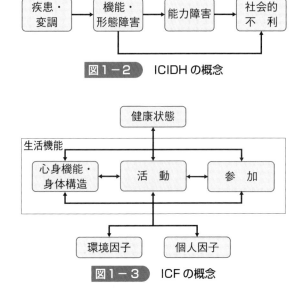

図1－2　ICIDH の概念

図1－3　ICF の概念

コラム

星野さんの生き方が教えてくれるもの

　星野富弘さんは，詩人であり画家です。彼は，子どものときから体操が大好きでした。大学でも器械体操を続け，中学校の体育の教師になりました。しかし，教師になったのもつかの間，クラブ活動の指導中に頸髄を損傷して手足の自由を失い，寝たきりの生活を送ることとなりました。肢体不自由となった彼は，食事や排泄も自分ではできず，自暴自棄になってしまいます。しかし，あるとき，「手足は動かなくても，口は使える」ことに気付きます。そして，喜びの中で口に筆をくわえて文や絵をかくようになりました。

　星野さんは，それから次々と詩画を描き続けています。その詩画は星野さんの生き方とも重なり，障害を越えて多くの人々の心に感動を与えています。

などの課題がありました。そのため ICF では，図1-3のように障害を「人間の『生活機能（心身機能・身体構造，活動，参加）』という枠組みで捉えること」「健康状態と環境・個人因子との双方的な関係で捉えること」と，視点の転換を図りました。

エピソード1-8　交流保育を楽しむJちゃん

　Jちゃん（3歳・女児）は，K特別支援学校（聴覚障害）の幼稚部に通っていました。幼稚部では，毎週水曜日に居住地の幼稚園・保育所で交流保育※を行うことになっています。

　交流保育が始まる前に，Jちゃんの担任は交流先のL幼稚園を訪れ，「Jちゃんには聴覚に障害があること，話し言葉だけではコミュニケーションが図りづらいこと，幼稚部ではサイン言語※も併用していること」を説明しました。これを受け，L幼稚園では教員間で話し合い，「教員が少しずつサイン言語を覚え，保育の中で使用していくこと」や「K特別支援学校が作成したサイン言語の一覧表を教室に貼ること」を確認し合いました。

　L幼稚園の先生の配慮により，交流保育に行ったJちゃんは，先生の話し言葉はわかりづらくても，先生の「おはよう」のサイン言語は理解することができ，すぐになじむことができました。また，先生たちが積極的にサイン言語を使用したことで，クラスの友だちもサイン言語を覚え，自然と用いてJちゃんに関わるようになっていきました。

※交流保育…障害のある子どもを保育所，幼稚園，認定こども園に在籍する子どもとともに一時的に統合し，教育・保育活動を行う形態。
※サイン言語…話し言葉を補うコミュニケーション手段として用いる身振りや手話を指す。サイン言語を併用することで，話し言葉の意味が視覚的に理解しやすくなる。

　ICF をもとに説明すると，エピソード1-8のJちゃんは聴覚に障害はありますが（心身機能・身体構造），交流先の教員が積極的にサイン言語を取り入れたことで（環境因子），先生や友だちと通じ合うことができ（活動），そのことがうれしくて，もっと友だちと関わりたいという気持ちにつながり（個人因子），自由遊びの時間も一緒に園庭で友だちと遊ぶ姿がみられました（参加）。

交流園の物的・人的な「環境因子」が，Jちゃんの「活動」や「参加」に影響を与え，「友だちと関わりたい」という「個人因子」にも変化がみられます。このように，ICFは，障害を環境因子や個人因子の相互作用といった広い視野で捉えて，その人の生活全体を理解しようとしたモデルといえます。

■（3）障害児保育の理念

　現在，障害児保育は，どのような理念の下で行われているのでしょう。その理念とは，ノーマライゼーションです。ノーマライゼーションを訳すと「通常化」です。「障害があっても誰でも参加することができ，普通に暮らせる社会を目指す」というもので，1950年代にデンマークのバンク・ミケルセンが唱えました。「障害がある子どもを周りの子どもたちから排除するのではなく，障害があってもなくても，みんな同じように生活できる社会こそがノーマルな社会である」としています。つまり，障害のある子どもをあるがままの姿で受け入れ，その子どもがみんなの中で違和感なく生活できるように環境を整えたり，支援したりしていくというものです。この理念は，スウェーデンやその他の北欧諸国，欧米へと広がり，全世界に影響を与えることとなりました。

　この理念の下，障害児保育のあり方は，インテグレーション*3，インクルージョン*4へと発展していきました。

＊3　インテグレーション
　「統合化」と訳される。社会から隔離・分離された障害のある子どもを，障害のない子どもと同じ状態で一緒に教育・保育をしようとするあり方を指す。

＊4　インクルージョン
　「包み込む」という意味があり，「包含」などと訳される。インテグレーションとの違いは，「障害がある」「障害がない」といった違いを前提に教育・保育をするのではなく，元々社会の中には，障害のある子どもも障害のない子どもも含まれているという前提であるというもの。

■（4）障害児保育の歴史的変遷

1）戦前の障害児保育

　日本における障害児保育の動きは欧米に比べると遅れており，積極的に行われたのは戦後からのことです。また，歴史的変遷においても，学齢期の障害児教育が先であり，その後，障害児保育へと広がりを見せていきました。

　初めて公的な機関で行われた障害児保育は，聴覚障害や視覚障害のある子どもへのものでした。1916（大正5）年，「京都市立盲唖院（1878（明治11）年の設立時は京都盲唖院）」の聾唖部に幼稚科が設置され，障害児保育が行われるようになりました。

　1923（大正12）年，「盲学校及聾唖学校令」が公布され，盲学校および聾唖学校（聾学校）に幼児期の子どもを対象とした予科が設置できるようになりました。これを受け，視覚障害のある子どもを対象として，1924（大正13）年，文部省（現・文部科学省）より私立盲学校として認可を受けた「横浜訓盲院」に，全国の盲学校に先駆けて幼稚部（初等部予科）が設置されました。また，聴覚障害のある子どもを対象として，1926（大正15）年，「京都盲唖保護院」に「京都聾口話幼稚園」が設置されました。ここは，日本で初めての障害のある子どもを対象とした幼稚園となりました。

コラム

知的発達症の子どもたちに生涯を捧げた石井筆子

　1861（文久元）年，肥前国大村玖島城下岩船（長崎県大村市）で生まれ，フランス留学を経験した石井筆子は，結婚後，3人の子どもを授かりました。しかし，長女は「白痴※」と診断され，次女は出産後すぐに病死，三女は病気で知的発達症・肢体不自由となりました。それから，ほどなく夫を亡くし，筆子は1人で2人の障害のある子どもを育てることとなりました。そんな時に出会ったのが，「聖三一弧女学院」を創設した石井亮一でした。障害児教育・保育という同様の志の下，2人は結婚し，共に学院運営に携わりました。

　1897（明治30）年，「聖三一弧女学院」は「滝乃川学園」と改称されました。1937（昭和12）年に亮一が死去（70歳）した後も，筆子は知的発達症のある子どもの教育・保育に生涯を捧げ，1944（昭和19）年，84歳で人生の幕を閉じました。

　筆子は，亡くなる2年前に，次の短歌を残しました。

　　「いばら路を知りてささけし身にしあれは　いかて撓まん撓むへきかは」

　　苦難の路とわかっていながら滝乃川学園に捧げたこの身であるから，どうして挫けることなどできよう，挫けておれるわけなどないではないか[10]。

　※白痴…以前は，重度知的障害を「白痴」，中度知的障害を「痴愚（ちぐ）」，軽度知的障害を「魯鈍（ろどん）・軽愚（けいぐ）」と呼び，法律でも用いられていた。2000（平成12）年，これらの用語が偏見を煽るとして，「重度」「中度」「軽度」という用語に改められた。

　一方，知的発達症（知的障害）や肢体不自由のある子どもへの保育は，なかなか行われませんでした。例えば，1891（明治24）年，石井亮一が震災で親を失った子どもを保護・教育する「聖三一弧女学院*5」を設置し，後に「滝乃川学園」と改称して知的障害児教育の専門機関として発展しました。また，肢体不自由の子どもを対象に，1921（大正10）年，柏倉松蔵が「柏学園」を設置しました。しかし，国からの援助はなく，個人によって行われたものでした。

2）戦後の障害児保育

　戦後，1947（昭和22）年に「教育基本法」や「学校教育法」，「児童福祉法」が公布され，1951（昭和26）年に「児童憲章」が制定されました。こうして，子どもの権利に意識が向けられるようになりましたが，教育・保育や福祉の制度の充実までには至りませんでした。

　例えば「学校教育法」には，盲学校・聾学校・養護学校*6に幼稚部を設置できることが規定されました。しかし，知的発達症（知的障害）のある子どもを対象とした幼稚部が設置されたのは1963（昭和38）年で，それまでの間，多くの知的発達症のある子どもは保育を受けられず，家庭で過ごしていました。そのため，1972（昭和47）年，「特殊教育諸学校幼稚部学級設置10年計画」が策定され，特殊教育諸学校で幼稚部が設置されることとなりました。

　同年，厚生省（現・厚生労働省）が「心身障害児通園事業実施要綱」を策定

*5　聖三一弧女学院
　1891（明治24）年，石井亮一は，濃尾平野に発生した濃尾大地震で親を失った子どもたちを救うために，職を捨て「聖三一弧女学院」を創立した。その中に知的発達症のある子どもがいたことから知的発達症のある子どもの教育・保育および福祉に全力を注ぐこととなった。

*6　盲学校・聾学校，養護学校
　以前は，障害のある子どもが通う学校が「盲学校」「聾学校」「養護学校」の3つに分類されており，これらをまとめて「特殊教育諸学校」と称していた。2007（平成19）年，学校教育法の改正により，名称が「特別支援学校」に一本化された。

しました。これは，知的障害児通園施設や肢体不自由児通園施設に通うことが困難な障害のある子どものため，市町村が通園の場を設置し，地域社会が一体となってその育成を助長することを規定したものです。これにより，就学前の障害のある子どもも通所の療育施設に通うことができるようになりました。

　1974（昭和49）年，厚生省が「障害児保育事業実施要綱」を策定しました。これにより，保育所における障害児保育が制度化され，地域の特定の保育所を指定して補助金も交付されるようになりました。これを「指定保育所方式」といいます。同年，文部省が「心身障害児幼稚園助成事業補助金交付要綱」「私立幼稚園特殊教育費国庫補助金制度」を策定し，障害のある子どもを一定数以上継続的に受け入れている幼稚園にも，補助金が交付されるようになりました。このように1974（昭和49）年を境に，障害のある子どもを取り巻く環境は大きく変わったため，この年を「保育元年」と呼ぶ場合があります。

　上記のような事柄の変化の節目となった出来事は，1976（昭和51）年の国連総会での「1981（昭和56）年を『国際障害者年』とする」という決議でした。決議後の1977（昭和52）年，新生児マススクリーニング*7が実施されるようになりました。また，1歳6か月児健診*8も制度化されました。これらは，障害の早期発見と障害のある子どもの早期療育に画期的な進歩をもたらしました。

＊7　新生児マススクリーニング
　先天性疾患のある新生児を早期に発見し治療することを目的とした検査。

＊8　1歳6か月健診
　運動や言葉についての反応も含め，心身の成長・発達の様子を調べる母子保健法で定められた健診。「健康診査」を略して「健診」と呼ぶ。

エピソード1－9　「新生児マススクリーニング」で聴覚障害が発見されたM君

　現在，新生児マススクリーニングの一つに「新生児聴覚スクリーニング」があります。この検査は，聴覚障害の早期発見を目的としています。生後数日以内に行うことができ，検査時間も10分程度ととても簡易な検査です。
　M君は，生後すぐにこの検査を受け，医者から「聞こえにくい可能性がある」と言われ，生後4か月のときに「感音性難聴（第3章，p.46参照）」と診断されました。その後，補聴器を装用することになり，医者から特別支援学校（聴覚障害）の「乳幼児教育相談」に通うことを勧められました。ここは聴覚に障害のある0～2歳児を対象に，保育を行う教室です。週1回親子で通うことで，お母さんは聴覚障害のあるM君への関わり方を学んでいきました。また，M君も，少しずつ補聴器を装用して聴覚活用ができるようになり，お母さんが「Mちゃん」と呼ぶと，振り向くようになりました。また，この教室には，同じ年代の友達もいて，聴覚障害のある子ども同士の簡単なサイン言語でのやりとりも見られるようになりました。
　「新生児聴覚スクリーニング」により，M君は早期に補聴器を装用し，保育を受けることで，「聴覚活用」「友達とのやりとり」など，大きな成長がありました。

　1978（昭和53）年，厚生省児童家庭局長が「保育所における障害児の受け入れについて」を通知しました。これにより，助成制度の「指定保育所方式」が廃止され「一般方式」となり，障害のある子どもを受け入れる保育所に対し，障害のある子どもの人数に応じて一定額の助成が行われるようになりました。また，対象の子どもの年齢も「おおむね4歳以上」から変更され，「3歳未満」

図1－4　障害児保育の実施状況

（資料）内閣府：令和元年版　障害者白書，2019，p.50 を基に筆者作成

でも受け入れが可能となり，障害の程度も「軽度で集団保育が可能であること」から「一般的に中程度まで」と広がることになりました。こうして障害のある子どもを受け入れる保育所は増えていきました。

3）現在の障害児保育

『令和元年版障害者白書』によると，日本における障害のある人の概数は，身体障害児・者 436 万人，知的障害児・者 108.2 万人，精神障害児・者 419.3 万人とあり，国民の約 7.6％の人に何らかの障害があることがわかります。障害のある人はごく身近にいて，共に過ごしているのです。厚生労働省によると，2017（平成 29）年度に障害のある子どもを受け入れている保育所等の施設は約 1 万 8,000 か所，障害児保育を受けている子どもは約 6 万 8,000 人と，どちらも年々増加傾向にあります（図 1 － 4）。

今後も，障害児保育の対象となる子どもは増えていくことでしょう。就学前の障害のある子どもの受け入れ先として，保育所や幼稚園，認定こども園の役割はさらに大きくなると考えられます。そのためにも，保育者には今以上の様々な障害理解と適切な指導力とが求められます。

3 障害のある子どもの地域社会への参加・包容および合理的配慮

（1）地域社会への参加

近年「インクルーシブ教育」[9]「インクルージョン」[10]「インテグレーション」[10]「ユニバーサルデザイン」[11] 等の言葉をよく耳にするようになりました。インクルージョン，インクルーシブ教育の理念が浸透したのは，「サラマンカ声明」[12] の採択が，インクルーシブ教育のアプローチを推進するための基本的政策への転換を検討するきっかけとなったからです。

＊9　インクルーシブ教育
　障害のある子どもを含むすべての子どもに対し，個々の教育的ニーズに合った適切な教育的支援を，通常の学級において行う教育を指す。インクルーシブには「包み込む」という意味があり，障害の有無にかかわらず，すべての人を社会・地域で包み込んで共に生きていくという社会実現の理念を持つ。

＊10　インクルージョン，インテグレーション
　本章 p.10 側注参照

＊11　ユニバーサルデザイン
　文化・言語・国籍の違い，老若男女といった差異，障害・能力の如何を問わずに利用することができるように目指した施設・製品・情報などの設計（デザイン）のことを指す。

＊12　サラマンカ声明
　1994 年スペインのサラマンカ市でユネスコとスペイン政府が開催した「特別ニーズ教育に関する世界会議」で採択され，各国でインクルーシブ教育を推進するために必要な政策に影響した。この声明は，インクルージョンの原則「万人のための教育（EFA）」の視点を広めた。

　障害のある子どもやその家族は，障害を正しく理解されずに偏見の目で見られ，肩身を狭くして生きてきたという歴史があります。現代でも障害のある子どもは，専門の施設で療育をするのが望ましいと思う人も少なからずいます。

　しかし，近年は障害を理由に地域の保育所，幼稚園，認定こども園や学校では無理と決めつけず，様々な選択肢から子どもの成長の場を探ろうと考える保護者が増えてきました。その結果，地域の保育所等に通う障害のある子どもがいることが当たり前になってきています。中には，地域の保育所等に通って，週に何度か発達支援センター等へ療育を受けるために通う子どももいます。

　日本では，2006（平成18）年に教育基本法が改正されて，その第4条に「国及び地方公共団体は，障害のある者が，その状態に応じ，十分な教育を受けられるよう，教育上必要な支援を講じなければならない」と規定しました。さらに2007（平成19）年には「学校教育法等の一部を改正する法律」の施行により，それまでの「特殊教育」から「特別支援教育」への転換を図り，一人ひとりの教育的ニーズに応じた支援が行われるようになってきました。現在では，障害のある子どもと家族は，地域社会での関わりの中で，社会参加を支援されてよりよく生活できるようになってきています。

エピソード1－10　地域で生活するということ

　Nちゃん（4歳・女児）は，未熟児で生まれ，中程度の知的発達症があり弱視もあります。家から歩いて行ける地域の幼稚園に通園しています。

　ある日のこと，母親が夕食の支度をしていてふと気がつくとNちゃんがいません。あわてて携帯電話を握り外に飛び出すと，幼稚園の友だちの母親に会いました。事情を説明すると，自分も一緒に探すと言ってくれます。弱視であるNちゃんは，いつも掛けている度の強いメガネも家に置いています。「もし，道路に飛び出しでもしていたら…」と，不安でたまらなくなった時に携帯電話が鳴りました。Nちゃんが見つかったという連絡です。走っていくと，Nちゃんが友達の母親に抱っこされて待っていました。ぎゅっと抱き締めると涙でNちゃんの顔がよく見えません。「よかったねえ」。拍手に振り向くと，幼稚園の保護者が何人もいるではありませんか。近くで会った人が，連絡をして一緒に探してくれていたのです。

　「ありがとう。なんて言っていいか」と震える声で伝えると，「気にしないでよ，みんなNちゃんのファンでサポーターだもの」。その言葉にまたまた涙があふれてくるのでした。

　地域の保育所や幼稚園等に通うことで，子どもの友だちを通じて，たくさんの保護者とも知り合えます。保護者同士が日頃から親しくして子どもについて知り合うことで，地域の行事にも参加しやすくなり，交流も深まります。

（2）障害者差別解消法

　すべての国民が，障害の有無で分け隔てられることなく，相互に人格と個性を尊重し合いながら共生する社会の実現に向け，障害による差別の解消を目的

として 2013（平成 25）年に「障害を理由とする差別の解消の推進に関する法律」（障害者差別解消法）が制定され，2016（平成 28）年 4 月から施行されました。

療育に関しては，2011（平成 23）年改正の障害者基本法において「子どもが可能な限りその身近な場所において療育その他これに関連する支援を受けられるよう必要な施策を講じなければならない」（第 17 条）と規定されています*13。すなわち，障害のある子どもが地域の保育所や幼稚園等で保育を受けることが推進されるため，障害のある子どもを支援できるように保育者は専門的な知識や技能を身につけることが一層必要になってきます。

*13 第 17 条第 2 項で「国及び地方公共団体は，療育に関し，研究，開発及び普及の促進，専門的知識又は技能を有する職員の育成その他の環境の整備を促進しなければならない」としている。

エピソード 1 − 11 子どもにとっての心地よい場所とは

保育所で今年から保育者として働くことになった O 先生は，年少クラスの担任をすることになりました。自閉傾向がある P 君（3 歳・男児）については，前担任から詳しく申し送りをされていて，頑張ろうと心に決めて年少クラスに向かいました。

しかし，保育室をうろうろと動き回る P 君を活動に何とか参加させようと抱えると泣きわめき，目を離した隙に部屋から飛び出してしまいます。担任初日から，P 君に振り回される日々が続きます。

そんな中，O 先生は主任のアドバイスを受けて，P 君が好きな遊びは何か，どの場所ならば落ち着くのか，どんな時に落ち着かなくなるのか，じっくり観察することにしました。観察することで P 君の行動の意味もわかるようになってきました。P 君の好きな遊びを側で一緒にしたり，泣き出した時はひざに乗せて歌ったり，と P 君を受け止め，O 先生自身が P 君の心地よい居場所となるように配慮しました。徐々に P 君は大声を出すことも減ってきました。さらに，P 君の好きな積み木と電車が入っている小さなハウスを段ボールで作るとその中に入って，落ち着いて遊べるようになってきました。他の子ども達も興味津々にのぞき込んでいます。O 先生は，他の子どもと P 君が同じ空間で遊べるようにして，P 君が好きな手遊び歌やリズム遊びを活動に取り入れながら，子どもたちをつないでいきました。

このエピソードでは，P 君の興味や関心に他の子どもが関われるようにすることで，P 君にとっても他の子どもにとっても保育室が心地よい場所になっていきました。このように，障害のある子どもを受け入れることは，保育の質を高め，インクルーシブ保育を進める原動力となります。

（3）合理的配慮

1）合理的配慮とは

「障害者の権利に関する条約」第 2 条に定められているように，合理的配慮は，障害のある人が障害のない人と同じように人権および基本的自由が保障されるための配慮です。例えば教育や就業，その他社会で平等に参加できるよう，社会の中にあるバリアを取り除くために行われる配慮があげられます。「障害者差別解消法」では，障害のある人に対して，正当な理由なく，障害を理由として差別することを禁止し，行政機関や事業者に合理的配慮を義務付け

ています。

　基本的に障害のある人の要望を尊重し，話し合い，ニーズを正しく認識して対応します。行政や事業所は，実施可能な提案や代替案の提案などを行い，保育所や幼稚園，認定こども園は，施設の改善や人的な配慮，子どもや保護者の障害のある子どもへの理解が進むよう，過度な負担にならない範囲で対応します。

　私立学校では合理的配慮の提供は努力義務ですが，国公立学校では法的義務となります。いずれにしても，障害のある子どもたちがどのような配慮を求めていけるのか，一層の議論が必要になっています。

エピソード1－12　一人で部屋まで行かせたい

　Qちゃん（5歳）は，脳性マヒがあり2歳の頃から車椅子を使って保育所に通っています。車椅子の操作もかなり自分でできるようになり，活動範囲も広がってきました。そんなQちゃんの様子を見ていた保護者から，他の子どもと同じように保育所の門で別れて自分で部屋に行けるようにしたい，と要望がありました。

　このエピソードの保育所の場合，門から昇降口に行くには段差があります。階段や段差については，スロープを設置することで，自分で車椅子を操作して行くことができます。もちろん，安全に操作できるようになるには，付き添って自分でできるようになるまで支援が必要です。しかし，方法はそれだけではありません。入り口を建物の中から見えるようにして，保育者がサポートできるようにしたり，通所したらインターホンで連絡して段差の所だけ支援してもらったりするなどの方法もあります。年長になれば，友だちのフォローも期待できます。施設面や人的な面からの配慮を考えていけば解決できそうです。

2）合理的配慮の例

【例1】周りの刺激に敏感に反応する子どもが，保育室から急に飛び出したり大声を出したりすることがある。

　→自由遊びの時にパーテーションで区切って，苦手な刺激を抑える。

　→空いているスペースを用意し，気持ちが落ち着くまで過ごせるようにする。

　→活動を少人数のグループにして，落ち着いて活動できる場を提供する。

　→子どもの特性について周りの子どもたちの理解を得られるように配慮する。

【例2】弱視であるために絵や文字が見えづらい。

　→席を前の見えやすい位置に変え，明るさにも配慮する。

　→表示は，大きくはっきりくっきりとわかりやすいものにする。

　→大きい掲示は，視野に入りやすい大きさに縮小して，保育者がわかりやすく説明する。

　→本などは，指で押さえながら視線をゆっくり動かして見せる。

　→大きく書き出す，機器（弱視レンズ*14，拡大読書器*15 等）を使用するなど。

*14　弱視レンズ
　近いものを見るためのルーペと，遠いものを見るための単眼鏡等がある。第3章1を参照。

*15　拡大読書器
　見たいものや読みたい文を，拡大してディスプレイに映し出す機器。第3章1を参照。

エピソード1－13　地域で支え合う

　R君は，自閉傾向が強い5歳の男の子です。生活の順番がいつもと変わったり，知らない場所に行ったりする時は，不安定になって大声で叫んで泣きじゃくります。

　この地域に豪雨災害の特別警報が出されました。R君は，避難所に行くことに強く抵抗します。避難所の体育館では「嫌だ！　家に帰る」と叫んでいます。避難する人も増えてきて，体育館は落ち着かない状態です。

　そのうち，お握りやお茶の配給が始まりましたが，母親はR君を一人にして並ぶこともできず受け取ることができませんでした。家族は周りの人々の目が気になって，駐車場の車の中で過ごすことにしました。母親は泣き疲れて寝てしまったR君と身体を寄せ合ってウトウトしていると，近所の人がおにぎりとお茶を持って来てくれました。さらに，町内会の役員が来て，教材室を一家のために用意したことを伝えてくれます。

　R君の両親は，隣近所とも親交があり，町内会の役員も今まで進んでしてきました。日頃からR君のことや災害時の不安についても話していたものの，このように早急に対応してもらえるとは思いませんでした。「ありがとうございます」と言葉にするのがやっとでした。

　地域で生活する中で，上記のように災害時の支援体制の整備では合理的配慮は欠かせません。災害において避難所生活をする場合，障害のある子どもとその家族にとって，より多くの負担が強いられます。日頃から地域で障害のある子どもの存在を知ってもらい，災害時には落ち着いて過ごせる場所の確保や食事や排泄（はいせつ）の習慣の対応について対応マニュアルを作っておくことが必要です。対応の仕方を障害別に詳しく記している『障害児者支援ガイドブック』を作成し，災害時に相談窓口を設置し早急に対応できるようにしている地域もあります。

■（4）インクルージョン（Inclusion）

　インクルージョンとは，「包含」「共生」の意味であり，障害のある子どもや大人が可能な限り，社会の中で障害のない人々と共に生活すべきだという考えに基づいています。「みんなちがって，みんないい」（『わたしと小鳥とすずと』金子みすゞ著*16)）という言葉に込められた思いは，「人は一人ひとり違っているのは当たり前だし，その違いを大切にしたい」です。この言葉は，社会にインクルージョンの考え方をわかりやすく伝えるためによく使われています。

　幼児保育において，障害のある子どもも含めて同じ空間で活動する実践をインクルーシブ保育と言います。特別支援学級や特別支援学校の存在については，障害のある子どもが通常学級で学べなかったり，地域の学校に行けなかったりして普通教育から分けられているという考え方があります。他方それは，「多様な学びの場*17」の確保であるという考え方もあります。通常学級との交流および共同学習を通して地域とつなげていく取り組みをしたり，公民館を使って放課後に障害のある子どももない子どもも幼児も一緒に遊べる居場所を作ったりしている地域もあります。また，東京都のように副籍（ふくせき）制度*18を独自

＊16　金子みすゞ
　1903(明治36)～1930(昭和5)年。大正時代末期から昭和時代初期にかけて活躍した日本の童謡詩人。

＊17　多様な学びの場
　就学前は，保育所，幼稚園，認定こども園，通級活動教室，児童発達支援授業所，各種母子保健授業がある。就学後は，小・中学校における通常学級，通級による指導，特別支援学級，特別支援学校がある。

＊18　副籍制度
　特別支援学校の小・中学部に在籍する子どもが，居住する地域の区市町村立小・中学校（地域指定校）に副次的な籍（副籍）を持ち，直接的・間接的な交流を通じて，居住する地域とのつながりの維持・継続を図る制度。

に導入している自治体もあります。

　他にも，子ども発達支援施設との交流を毎月行っている保育所等もあります。遊びを中心とした活動を計画的に行う中で，障害のある子どもは，友だちの活発な活動や言葉に刺激を受け，障害のない子どもは，様々な友だちがいることを知ることを通して障害の有無にかかわらず共に生活することが当たり前であることを学びます。

エピソード１－14　子どもの眼差しは先生の眼差し

　S君（6歳・男児）は，知的発達症の子どもで，地域の保育所に通っています。4歳で初めて保育所に来た時は，大泣きすることも多かったのですが，少しずつ言葉も増えて，友だちとも一緒に遊べるようになってきたそうです。同じクラスの友だちは「先生，今日S君と一緒にジャングルジムしたよ」「S君ね，ハサミを上手に使えたよ」と先生に報告に来てくれます。S君にも「がんばっているね」「来年は一緒に小学校に行こう」と声をかけています。この保育所に実習に来て，子どもたちのやさしさに感動すると共に，なぜそのようにS君を受け入れられるのか不思議に思いました。

　このエピソードの学生は，やがてクラスの子どもたちの温かな眼差しに気づきます。担任は，S君ができない時はじっと待っていたり，できそうなところまで支援したりしています。S君だけでなく常に子どもたち一人ひとりの頑張りを見つけては，認めたりほめたりしています。S君のよさを見つけた子どもに対し，S君をほめる前に「やさしいね」「よく見つけたね」「君が頑張っているのを知っているよ」と言葉をかけています。ほめられた子どもは，自分のことを認めてくれている，見てくれているということに満足しています。

　障害のある子どもの受け入れにあたっては，支援が必要な子どもに支援が行き届くための仕組みだけでなく，多様であるどの子も大切な存在として子ども同士が育ち合う保育をすることが大切です。

▶（5）障害のある子どもを地域で支援するための専門的役割

　障害のある子どもの地域社会への参加・包含を進めるには，様々な子どもがいる集団での育ちを保障することが大切です。そのためには，専門的な知識やスキルに基づいて支援をするために保育所等訪問支援[19]などを積極的に行い，子育て支援の場において支援体制づくりする必要があります。

　子育ての悩みや発達に不安をもつ保護者から障害のある子どもの保護者に至るまで様々な関係機関との連携による相談および支援の充実に努め，切れ目のない支援体制を構築することが重要です。

　地域には障害のある子どもが利用できるサービスや相談窓口があり，家庭だけで頑張らなくてもよいこと，上手に活用しながら育てていけばよいことを知

＊19　保育所等訪問支援
2012（平成24）年，児童発達センターの事業として，この制度が始まった。障害のある子どもに対して多くの指導経験のある児童指導員や保育者が，月に1〜2回訪問して集団への適応のための支援を行う。第9章 p.148 参照。

　専門機関との連携

　　Tちゃんは，重度の知的発達症と自閉スペクトラム症を併せ持つ5歳の女の子です。この通園施設に来て1年が経とうとしています。母親はシングルマザーで頑張っているのですが，近頃は疲れている様子が見受けられます。

　　家での様子を尋ねると，Tちゃんは食事が気に入らないとテーブルをひっくり返して怒って泣きわめいたり，姉の髪の毛を引っ張ったりします。それに対して叱るともっと怒り，先日はポットを投げて火傷してしまいました。姉はチック症状が出ているそうです。このままではお母さんは倒れてしまいます。

　　心配した保育者は地域の日中一時支援事業※や居宅介護※などの保護者の行うケアを一時的に代行する支援を活用することを勧めることにしました。

　　障害福祉サービス※を活用することで，家族にとってもTちゃんにとっても，よい関係が生まれます。保育者は，後日会ったTちゃんの母親から，短期入所を利用してTちゃんの姉ともゆっくり過ごすことができ，迎えに行くとTちゃんも笑顔で，次の日も落ち着いて生活できたことを聞きました。

※日中一時支援事業…短期入所のことで，障害児・者の介護者が，病気やけが，出産，事故，災害，看護，学校等の公的行事への参加，旅行等により，一時的に介護ができない時に，障害児・者を施設などで宿泊を伴ったサービスを行う。ただし，仕事が理由の場合は利用できない。
※居宅介護…自宅でホームヘルパーが食事・入浴・排泄の介護や，調理・洗濯・掃除の手伝いならびに生活等に関する相談・助言その他の生活全般にわたる援助を行う。
※障害福祉サービス…個々の障害のある人々の障害程度や勘案すべき事項（社会活動や介護者，居住等の状況）を踏まえ，個別に支給決定が行われる「障害福祉サービス」と，市町村の創意工夫により，利用者の状況に応じて柔軟に実施できる「地域生活支援事業」に大別される。

らせることは大切な支援です。「一人で頑張るだけがよいことではないって気がつきました」と話すTちゃんの母親の笑顔から，必要な情報を伝えて，専門機関と連携して支援していくことの大切さがわかります。

　また，親子関係がうまくいっていない家庭にはペアレント・トレーニング*20 を勧めるのもよいでしょう。

*20　ペアレント・トレーニング
　障害のある子どもを対象とした，応用行動分析の考え方をもとにした子育ての技法。

✳ 演習課題 ✳

❶　「エピソード1－1　気持ちに寄り添って見えたもの」を読んで，A君はなぜ自分から教室に帰っていったのか気持ちを考えてみましょう。

❷　障害について，次のことを考えてみましょう。
　「あなたは障害のある人への偏見はありますか」
　「もし，あなたが『障害がある』と診断を受けたらどんな気持ちになりますか」

❸　エピソード1－11のように障害のある子どもにとってもそうでない子どもにとっても居心地がよい保育室にするには，どのような環境や支援や配慮が必要でしょうか。話し合ってみましょう。

コラム

自然に接する子どもたち　　　【保育所での実習】

　Ｕちゃんには障害があり，食事や着替えは先生の手伝いがなければできませんでした。最初は，どう関わってよいのかわからず，ほとんど関わることがありませんでした。

　偶然Ｕちゃんが一人で歩いていたので，一緒に手をつないで部屋を移動しました。それがきっかけでＵちゃんと仲よくなり，Ａちゃんから手を握ってきてくれるようになりました。

　それだけでも私は元気になりましたが，クラスでＵちゃんが困っていたりすると，周りの子どもたちが先生の真似をして手伝ってあげたり，Ｕちゃんが好きそうなおもちゃを持ってきてあげたりしていました。その光景を見て，とても感動したのと同時に，最初自分が戸惑っていたことを恥ずかしく思いました。　　　【学生Ｔ．Ｋ．】

（出典）小竹利夫：実習エピソードでつづる 子どもや障碍がある人の心の世界，川島書店，2016

■引用文献■
1 ）小竹利夫：実習エピソードでつづる 子どもや障碍がある人の心の世界，川島書店，2016，p.2
2 ）小竹：前掲書 1 ），pp.158-159
3 ）津守真：保育の体験と思索，大日本図書，1980，p.5
4 ）小竹利夫：障碍のある子どもとの教育的係わり合い――一人ひとりの思いに寄り添う―，川島書店，2019，pp.6-7
5 ）小竹：前掲書 1 ），p.5
6 ）小竹：前掲書 4 ），p.3
7 ）小竹：前掲書 1 ），pp.145-146
8 ）小竹：前掲書 1 ），p.46
9 ）小竹：前掲書 4 ），pp.141-147
10) 山田火砂子・車取ウキヨ：筆子その愛―世界で一番美しい涙の物語―，ジャパン・アート出版，2006，p.204

■参考文献■
・内閣府編：令和元年版 障害者白書，2019
・武藤久枝・小川英彦編著：コンパス障害児の保育・教育，建帛社，2018
・小川英彦編著：基礎から学ぶ障害児保育，ミネルヴァ書房，2017
・小橋明子監修：障害児保育，中山書店，2019
・星野富弘：かぎりなくやさしい花々，偕成社，1986
・名須川知子・大方美香監修：インクルーシブ保育論，ミネルヴァ書房，2017
・藤永保監修：障害児保育，萌文書林，2012
・小山望他編：インクルーシブ保育っていいね，福村出版，2017
・伊丹昌一編著：インクルーシブ保育論，ミネルヴァ書房，2017
・柏女霊峰監修：医療現場の保育士と障がい児者の生活支援，生活書院，2018
・本郷一夫編著：シードブック　障害児保育〔第 3 版〕，建帛社，2015
・小川英彦：障害児保育キーワード100，福村出版，2017

第2章

肢体不自由・知的発達症のある子どもの理解と援助

1 肢体不自由のある子どもの理解と援助

■（1）肢体不自由のある子どもの理解

1）肢体不自由の定義

昭和初期に整形外科医の高木憲次が，それまで身体の外見的特徴から差別的に呼ばれていた呼称を排して，「四肢と体幹の運動機能に永続的な障害がある状態」を肢体不自由と呼ぶことを提唱しました。肢体とは，四肢と体幹のことです。四肢とは，上肢と下肢*1のことです。体幹とは胴体のことです。

文部科学省は，肢体不自由を「身体の動きに関する器官が，病気やけがで損なわれ，歩行や筆記などの日常生活動作が困難な状態」[1)]と規定しています。

2）肢体不自由の原因

① 脳の障害

脳の障害に起因する主な肢体不自由として，脳性マヒがあります。脳性マヒは肢体不自由の中で一番多い障害で，何らかの理由で出産の前後や新生児期などに脳に損傷を受けたことに起因します。

② 脊髄や脊椎の障害

脊髄や脊椎の障害に起因する肢体不自由としては，二分脊椎症などがあります。二分脊椎症は，先天的に脊椎の一部が形成されなかったことに起因します。

③ 筋肉の障害

筋肉の障害に起因する主な肢体不自由としては，筋ジストロフィーがあります。筋ジストロフィーは，進行性の筋疾患で，次第に筋力が低下していきます。

④ 四肢の形態の障害

先天的または後天的に事故や病気によって，身体の一部が欠損する四肢欠損などがあります。

⑤ 骨や関節の障害

骨の障害ではペルテス病*2や骨形成不全症*3，関節の障害では先天性股関節脱臼*4などがあります。

*1　上肢とは肩関節から手の指先まで，下肢とは股関節から足の指先までを指す。

*2　ペルテス病
　大腿骨頭の血行障害により骨頭の細胞が壊死し変形する病気。好発年齢は4〜7歳で，男児に多く，股関節に痛みを伴う。

*3　骨形成不全症
　骨の強度に関係するコラーゲンの異常で骨がもろくなり，骨折しやすく，骨の変形を伴う先天性の病気。

*4　先天性股関節脱臼
　大腿骨頭が骨盤のくぼみから外れているか外れかかった状態を指す。後天的にも発生することから，最近は発育性股関節形成不全と呼ばれる傾向がある。女児に多くみられる。

３）肢体不自由のある子どもの実態と必要な配慮

①　脳性マヒのある子どもの状態像と配慮

　脳性マヒは，運動機能や姿勢保持機能や筋緊張などの障害がみられます。筋緊張が高く，手足が硬直する痙直型や筋緊張の変動が大きく，手足や首が震えるなどの不随意運動が見られるアテトーゼ型などのタイプがあります。

　脳性マヒのある子どもは，思い通りに身体を動かせないだけでなく，てんかんや知的発達症を伴う場合もあります。一方で，身体上の制約や構音障害ゆえに，実際よりも知的に低く見られることがあるので，注意が必要です。

②　二分脊椎症のある子どもの状態像と配慮

　二分脊椎症は，主として下半身に障害が現われ，足にマヒがあり歩けなかったり，膀胱や直腸の機能障害のため排泄のコントロールが難しかったりします。

　排泄に関しては，尿管から管を通して排尿する導尿*5が必要な場合もあります。また，感覚マヒがあるために褥瘡*6が起きないよう配慮が必要です。

③　筋ジストロフィーのある子どもの状態像と配慮

　筋ジストロフィーは，筋力の低下により次第に身体を動かすことが難しくなり，歩行・嚥下・呼吸などに機能障害が現われます。

　保育者は，子どもやその家族が将来に対する不安を抱えていることを理解した上で，その育ちを応援することが求められます。

　これまでみてきたように，肢体不自由といってもその状態像は様々です。また，同じ病名がついていても子どもの状態像は一人ひとり違います。そのことを理解した上で，次に援助についてみていきましょう。

■（2）肢体不自由のある子どもへの援助の方法

　肢体不自由のある子どもは，思い通りに身体を動かせないために，生活の様々な場面で援助を必要とすることがあります。最初に，肢体不自由のある子どもに共通する援助の基本について考えてみましょう。

１）肢体不自由のある子どもへの援助の基本

①　気持ちを受け止め，自信・安心・信頼といった心を育てる

　肢体不自由のある子どもは，周囲の子どもたちと同じようにできないために劣等感を持ったり，消極的になったりすることがあります。障害があっても，自分を好きになり，自己肯定感を育む配慮が必要です。そのために保育者は，その子のありのままを受け止め，「（できても，できなくても）今のあなたが大好きだよ」という気持ちで接する姿勢が求められます。

　子どもの気持ちを保育者が丁寧に受け止めることで，信頼感や安心感が育ち

*5　導尿
　自力での排尿がうまくできない場合に，尿道から膀胱まで細い管（カテーテル）を入れて，腹を押したり腹圧をかけたりして排尿を促すこと。

*6　褥瘡
　寝たきりなどによって，体重で圧迫されている場所の血行が悪くなったり滞ることで，皮膚の一部が赤い色味を帯びたり，ただれたり，傷ができてしまうこと。一般的に「床ずれ」とも言われる（日本褥瘡学会HPより）。

ます。その信頼感や安心感が，子どもが自立に向かって踏み出す時の心の支えにもなります。自立とは何でも一人でできるようになることではなく，できることは自分でやり，できないことは人に頼んで助けてもらうことと考えることができます。子どもが堂々と人に頼むことができるようになるためにも，保育者は普段から子どもの願いや困りごとに耳を傾ける姿勢が求められます。

　子どもが始めた行動に保育者が関心を示し応答することで，自信や信頼感が育ちます。子どもの行動が滞（とどこお）った時には，状況をわかりやすく整理したり，より簡単な動きで達成できるように工夫したりすることが求められます。また，次のエピソードのように，子どもが自分でやろうとしている時は，援助を控えて見守ることが大事です。保育者は，「もっとも適切な時期に，もっとも適切で，しかも決して程度を越すことのない」[2]援助が求められます。

エピソード2−1　見守る保育[3]　　　　　　　　　　【保育所での実習】

　年少クラスに，両足のひざから下がない男の子（3歳）がいました。とても明るく，いつも私に自分の話をしてくれました。外遊びの時も，ひざをついて一生懸命お友だちと一緒に遊び，自分のことはほぼ自分で行っていました。

　私は最初この男の子を見た時，いろいろと援助が必要なのかと勝手に判断し，援助しようとしました。すると，その子は「先生，自分でできるから大丈夫だよ」と言いました。私が見守ると，その子は笑顔で「ほら，できたよ」と言ってくれました。

【学生O．N．】

② 「みんなと同じ」ではなく，「みんなと一緒」を楽しむ

　肢体不自由のある子どもはみんなと同じようにはできないことがあります。それでも，次のエピソードのように，活動の内容を少し変えるなどの工夫や配慮があれば，みんなと一緒に楽しむことができます。

エピソード2−2　共に育つ[4]　　　　　　　　　　　【幼稚園での実習】

　片手がない男の子（A君）がいました。その園では，卒園の時に跳び箱を跳んでいる写真をプレゼントしていました。しかし，A君は跳び箱を跳ぶことができません。すると，子どもたちの中から「僕が馬になってあげるから上を跳びなよ」「私も馬になってあげる」などと次々と声があがりました。A君は，地面に伏せた子どもたちの上をうれしそうに跳びました。それを見て私も先生もとても感動しました。　【学生W．T．】

　普段から子どもの違いを個性として尊重する保育者の姿勢が，子どもたちがお互いの違いを受け入れ一緒に楽しむ気持ちを育てるのではないでしょうか。

2）肢体不自由のある子どもへの援助の実際

次に，肢体不自由のある子どもの移動，食事，コミュニケーションについて，一人ひとりの状態像に合わせた具体的な援助について見てみましょう。

① 移動に対する援助

移動の仕方としては，寝返り，はいはい，歩行，車椅子など様々な形があります。どんな形であっても，行きたい所に自分で移動し，生活範囲を広げたり，自信や意欲を増進させたりすることが大切です。

歩行が難しくても，歩行器や杖などの補助用具を使うことで自力移動が可能になることがあります。代表的な移動補助用具として，杖（クラッチ）や歩行器（PCウォーカー*7やSRCウォーカー*8）などがあります。

② 食事に対する援助

肢体不自由の障害があっても操作しやすいように工夫された食事用具が開発されています。バネの力で自然に開くピンセット型の箸*9や握りやすくカーブしたスプーン*10や底に滑り止めのゴムがついたお皿などがあります。

また，大きさ・硬さ・粘り気などを考慮して，一口サイズに小さくする，舌や歯茎でつぶせる硬さにする，ペースト状にするといった調理の工夫が必要になります。一人ひとり食べやすい姿勢やペースをつかむことも大切です。

食事場面は，大切なコミュニケーション場面であると共に，心を元気にする場面でもあります。子どもの意思を確認しながら，楽しい雰囲気の中で食事の援助をすることが望まれます。

③ コミュニケーションに対する援助

子どもとのコミュニケーションが成立するためには，まず保育者が子どもの気持ちを受け止め，言葉にして返す姿勢が重要になります。保育者が子どもの気持ちを受け止め，「○○なんだね」と代弁すると，子どもは気持ちが伝わったことを知って，もっと伝えたいという意欲を高めるでしょう。

a．表情や動きから気持ちを読み取る　子どもが言葉で気持ちを伝えることができなくても，周囲が子どもの視線や表情や動きから気持ちを読み取ることができます。その辺の様子を，エピソード2-3を通して具体的に見てみましょう。

エピソード2-3　視線から気持ちを読み取る[5]

　Bちゃん（5歳）は両足に内反足（ないはんそく）の障害があり，その他に知的な障害もあり言葉を話すことはできませんでした。また，Bちゃんは顔面にマヒがあり，笑顔をつくることができませんでした。そのことは，Bちゃんの気持ちの読み取りを難しくしました。当時学生だった私（筆者）は，Bちゃんの目線や表情や動きから気持ちを読み取るように心掛けました。

　ある時，バギーに乗って散歩中のBちゃんが道端の花にチラッと目を向けることがありました。私がその花を摘んで渡すと，Bちゃんはしばらく手に取って見ていました。これ以後，B

*7　PCウォーカー
　（Posture Control Walker）

パシフィックサプライ㈱

*8　SRCウォーカー
　（Spontaneous Reaction Control Walker）

有薗製作所㈱

*9　箸ぞうくんクリアⅡ（バネの力で自然に開くピンセット型の箸）

㈲ウインド

*10　柄やネックが曲がるスプーン

ちゃんはほしい物があるとはっきりと目を向けるようになり，さらにその物に手を伸ばすようになりました。

　このようにして，Ｂちゃんの気持ちを受け止める中で，Ｂちゃんは周囲の人を信頼して，自分の気持ちを次第にはっきりと伝えるようになりました。

　このエピソードに登場するＢちゃんは，最初から伝えようと思って花に目を向けたわけではありませんでした。しかし，周囲が視線から気持ちを受け止める中で，次第にはっきりと伝達の意図を持って目を向けたり，手を伸ばしたりするようになりました。このエピソードからも明らかなように，子どもの気持ちを丁寧に受け止めようとする保育者の姿勢が，もっとはっきりと自分の気持ちを伝えようとする子どもの意欲を育てることにつながるのではないでしょうか。

　ｂ．様々な伝達手段を活用する　　伝達意欲が育つと，子ども自身が様々な手段を使って気持ちを伝えるようになります。気持ちを伝える手段は，視線や表情や動き以外にもたくさんあります。実物（またはその一部）・身振り・絵カード・写真などは，それが意味する内容と類似しているので対応付けが容易であるとともに，比較的大きな運動で表出することが可能です。それに対して，言葉（音声言語）や文字は，意味する内容との類似性が乏しく対応付けが難しいとともに，その表出には比較的細かな運動が求められます。したがって，コミュニケーションの成立を目指す時，まず実物（またはその一部）・身振り・絵カード・写真などを使ったコミュニケーションの成立を図り，それを土台にして，次に言葉（音声言語）や文字によるコミュニケーションの成立を図るのが妥当と考えられます[6]。

　ｃ．選択状況をつくる　　運動機能の障害が重く言葉を話すことや身振りをつくることが難しくても，エピソード２−４のように“選択する”ことで意思を伝えることができます。

エピソード２−４　　**“選ぶ”ことの大切さ**[7]　　　　　　【医療型障害児入所施設での実習】

　私が担当したＣちゃんは，肢体不自由と知的な障害のある子どもでした。
　実習１週目はＣちゃんのことがまったくわからず，私が関わると怒ったような表情や体を揺らすなどして嫌がりました。Ｃちゃんは言葉がないので，「○○してほしい」と言うことができません。私は自分の中で予測を立てながら関わるしかありませんでした。
　実習２週目に入る前の休日，私はＣちゃんとの関わり方をどのようにすればよいか考えました。そして私はＣちゃんの意思を確認できるように，“選択肢”を用意してみることにしました。今までは「○○しますね」と言っていたのを，例えば，整髪の時間に「髪を縛ってもいいですか？」と聞いてみたり，靴を見せながら「赤い靴がいいですか？　白い靴がいいですか？」と聞いてみたりしました。すると，わずかでしたが，ＹＥＳのほうで手を挙げるような仕草をしてくれたことに気づきました。私はＣちゃんのその行動を見ておどろいたと同時に，とても

うれしく思いました。

　後で職員にその事を報告したら，「選択肢を与えたことはとてもよい判断でした。ここにいる子どもたちは自分で何かをしたいと思っても，それを伝えるということがなかなかできないし，決まった生活をしているので，選択肢があり"選ぶ"ことができることは生活を豊かにしてくれます」と言っていただきました。私はこの経験を通して，"選ぶ"ことの大切さを学びました。

【学生T．Y．】

＊11　AAC
Augmentative and Alternative Communication の略で，日本語では補助代替コミュニケーションや拡大代替コミュニケーションなどと訳される。言葉に代わるコミュニケーション手段としては，身振り・絵や写真・文字などが考えられ，後出の VOCA も含まれる。

＊12　コミュニケーションボード
ボード上に並んだいくつかの絵や写真や文字の中から選択することで気持ちを伝える方法。絵や写真の理解が難しくても，実物やその一部等を選択肢とすることで選択が可能となる場合がある。

＊13　VOCA
Voice Output Communication Aids は，音声出力会話補助装置の総称。あらかじめ録音したメッセージをスイッチを押して再生するビッグマックや打ち込んだ文章を音声で読み上げるトーキングエイドなどがある。

　最近は，言葉に代わる補助代替コミュニケーション手段（AAC＊11）として，絵や写真や文字を選択して気持ちを伝えるコミュニケーションボード＊12や選択した絵・文字を音声に変換する様々な VOCA＊13（ヴォカ）が開発されています。

　ここで注意しなければならないことは，例えば絵や写真などを並べて「さあ，選びなさい」と選択を求めると，そのことが圧力となり，かえって伝える意欲を萎縮させることがあるということです。障害のある子どもとのコミュニケーションは，「相手に伝えさせることから始まるのではなく，こちらがわかろうと努めるところから始まるのです」[8]。保育者が子どもの視線や表情や動きなどから気持ちを受け止める姿勢が基本になるでしょう。

3）仲間づくりに向けた援助

　子どもたちは，保育者が障害のある子どもにどのように接しているかを見て，自然と接し方を学びます。障害のある子どもを見る保育者の眼差しがやさしければ，子どもたちがその子を見る眼もやさしくなるのではないでしょうか。

　前出のエピソード2－2は，一緒に生活する中で子どもたちは困っている子がいると自然と手を差し伸べることができるということを示しています。このような子ども同士が育ち合う関係が築かれるには，子どもたちを信じて温かく見守る保育者の姿勢が重要になるでしょう。

コミュニケーションボード　ビッグマック（VOCA）トーキングエイド（VOCA）
（コミュニケーションボードは筆者作製。マジックテープで取り外し可能）

2 知的発達症のある子どもの理解と援助

（1）知的発達症のある子どもの理解

発達がゆっくりで，同じ年齢の子どもと同じようにできないことがあって，ちょっと不器用な子ども。でも先生や友だちが大好きで，元気いっぱいの笑顔のかわいい子ども。そんな子どもと保育所や幼稚園，認定こども園で出会ったことがあるでしょう。「知的発達症」と言われる子どもたちです。

次の実習のエピソードは，実習での知的発達症の子どもとの出会いによって子どもを見る目が変わった学生のレポートです。できないことばかり気になっていた学生が子どもを温かく見つめられるように変わっています。

エピソード2－5　知的発達症の子どもとの出会い

知的発達症のDちゃん（5歳・女児）は，お絵かきの時間に友だちにちょっかいをかけて自分は絵を描きません。「Dちゃんもお絵かきしよう」と声を掛けると「嫌だ」と言い，画用紙をくしゃくしゃにしてしまいました。食事の時も食べこぼしをしたり，お茶で遊んだりしてなかなか終わりません。ハサミも上手に使えず，言葉もよく聞き取れません。できないことがあれこれ気になります。しかし，実習の最後の日に「先生」と抱きついてきたDちゃんは，「先生，大ちゅき」と言って，園庭で摘んできた小さな花を渡してくれました。

できないことはいろいろあるけれど，やさしい心はちゃんと成長していると感じ，そんなDちゃんが愛おしくなりました。

1）知的発達症の定義

知的発達症とは，知的能力[*14]が明らかに遅れていて，日常生活において適切に行動することが難しい状態（適応能力[*15]の欠如）を指します。

呼称については，アメリカ精神医学会作成の『精神疾患の診断・統計マニュアル第5版（DSM-5，2013年）』により，医療の分野では「知的能力障害（知的発達症/知的発達障害）」が用いられています。法的には，1999（平成11）年の知的障害者福祉法の制定以来，「知的障害」が使用され，厚生労働省では「知的機能の障害が発達期（おおむね18歳まで）にあらわれ，日常生活に支障が生じているため，何らかの特別の援助を必要とする状態にあるもの」[9)]と定義しています。本書では，これらのうち「知的発達症」を用います。

その判断基準については，「知的機能の障害」[*16]の検査と厚生労働省による「日常生活能力」の基準に該当し，それが18歳までに生じるという条件を満たすことで判断しています。以前は知能指数（IQ）[*17]をもとに判断していましたが，現在では生活への適応を中心に「軽度・中等度・重度・最重度」の判断を総合的に行っています。

＊14　知的能力
知能検査によって測られ，その値によって，軽度・中等度・重度・最重度と分類される。

＊15　適応能力
食事，洗面，排泄，衣服の着脱等の日常生活動作の自立や，社会生活への適応ができているかで測られる。

＊16　知的機能の障害
標準化された知能検査（ウェスクラー，ビネーによるものなど）で測定し，知能指数（IQ）がおおむね70以下のものを指す。

＊17　知能指数（IQ）
　知能検査法によって得られた知能年齢を生活年齢で割ったものに100を掛けて求めたもの。指数100を平均値としている。
【例】知能年齢8歳で生活年齢12歳6か月の場合。8÷12.5×100＝64から、IQ64となる。

＊18　フェニルケトン尿症
　食事から摂取されるフェニルアラニンを分解できないために起こる先天性アミノ酸代謝異常症の一種。通常、生後数か月から2歳頃までに脳の発達障害が起こり、小頭症、てんかん、精神発達遅滞などの症状として現れる。第9章 p.139も参照。

知的発達症の子どもは、おおむね理解がゆっくりであったり、発語が遅れたりという子どもが多いのですが、すばらしい運動能力を持つ子どもや絵や音楽の才能豊かな子どももいて、その特徴や性格も様々です。

2）知的発達症の原因

知的発達症には、主に3つの原因があげられます。しかし、原因がわかっていないことも多く、軽度知的発達症では、原因が判明するのは50%以下[10]と言われています。

・特定の疾患（ダウン症候群、てんかん、脳炎、フェニルケトン尿症＊18等）により、知能の発達に遅れを及ぼします。

・頭部外傷や母親の感染症、薬物中毒、出産期の問題、溺水、窒息などの事故などから起こることがあります。

・生育環境において、虐待やネグレクトなどにより後天的に知的発達に遅れが生じる場合があります。

3）知的発達症のある子どもの実態と必要な配慮

早期から明確に重度の知的発達症とわかる場合を除き、乳幼児期は様々な能力を獲得する段階にあるので、晩熟や早熟といった個人差なのか、それとも障害のためにできないのかを見分けることは難しいといえます。そのため、知能検査を受けるまでに至らないことが多くあります。しかし、成長するにしたがって、徐々に次のような特徴がみられるようになってきます。

①　身体的特徴

知的発達症の子どもには身体的発達に遅れがみられる場合が多くあります。乳幼児期に首のすわりや寝返り、座位保持などに遅れがみられる子どもがいます。幼児期には、手先が不器用で、細かな作業が難しいことも多く、身の回りの自立に時間がかかります。

②　言葉の特徴

発語が遅い、発語を始めても会話にならない、わかっていても思ったことを話すことができない、などです。物の名前などは、比較的早く獲得していきますが、物の大きさを比べること、順序性に関することなどは、獲得に時間がかかります。言葉が聞こえてもその意味がわからないことがあり、話をしただけでは伝わりにくいのはそのためです。また、口や舌をうまくコントロールできないために発音が不明瞭で、話し言葉が相手に伝わりにくいこともあります。

③　記憶・注意の特徴

人は、目や耳からの情報が入ってくると、一時的に記憶する領域に保存され、過去に記憶していた他の情報と照らし合わせながら、意味を理解したり判断したりします。しかし、必要な情報に注意を向けることが苦手で、記憶できる量が少ない知的発達症では、必要な情報を選択したり、適切に行動したりす

ることがなかなかできません。ものごとに集中して取り組むことが苦手であるために，すぐに遊びに飽きてしまい，遊びを工夫し発展させることが難しいと言えます。集団遊びでもルールを理解できなかったり，順番を守れなかったりするため，友だちとトラブルになることがあります。

④　医学的なケア

けいれんは，てんかんの症状から起こる場合があります。頻繁に起こる場合は，脳や代謝機能に問題がある場合もあります。虚弱な体質であることも多くみられます。早期に病院を受診し，定期的にケアを行う必要があります。

エピソード2−6　　**ゆっくりだけど着実に成長**

　知的発達症のE君（5歳・男児）は，花いちもんめやボール遊びをする友だちの中には入らず，一人で積み木を積み重ねては崩すという遊びを繰り返しています。「何をしているの？」という保育者の問いかけにも，「怪獣だあ」と言っていきなり保育者に飛びかかってきます。発語も少なく，言葉も不明瞭で聞き取りづらいことも多くあります。

　しかし，E君の遊びの様子をよく観察してみると，朝の会で行うリズム遊びのくすぐりや手を叩いたり足で床をドンドンと踏みならしたりする時には，満面の笑顔で楽しめています。園庭での砂遊びでは，山を作っては崩していたのが，いつの間にか水を汲んできて山の上から流して「川だよ」と友だちの真似をしながら遊べるようになってきました。

知的発達症の子どもは，同じ年齢の子どもに比べて，認知面，運動面，言語，社会性など全体的に遅れています。しかし，時間が多くかかりますが，適切な支援によってできることが増え，成長していきます。どのようなことが，どの程度までできるようになるのかは，発達に個人差があるため，一人ひとりの個性をじっくり見極めながらの支援が必要になってきます。

4）ダウン症候群について

ダウン症候群は，保育所等での受け入れが比較的早くから進んだ知的発達症であるため，保育所等での実習や勤務において担当する機会があるかもしれません。ダウン症候群は，染色体の突然変異によって起こります。ダウン症候群の人は特徴的な容貌をしており，多くの場合，知的な発達に遅れを伴います。イギリス人のダウン（Down, J. L. H.）が研究したことにより，この名称がついています。通常，人の染色体は23対46本ありますが，ダウン症候群の人は，21番目の染色体が3本（21トリソミー）あることにより，47本の染色体を持ちます。他に転座型[*19]やモザイク型[*20]があります。母親の出産年齢が高いほどダウン症の発生率は高くなると言われています。性別や人種，経済状況などにかかわらず，約800～1,000人に1人の割合で生まれます[11)]。

ダウン症候群の子どもは，筋肉の緊張度が低く，生まれてすぐに心臓の手術が必要だったり，目や耳の治療が継続的に必要だったりする場合があります。

＊19　転座型
　転座型は，21番目の染色体の3本目が他の染色体に癒着している。

＊20　モザイク型
　モザイク型は，トリソミーの細胞と正常な細胞が混在している。

しかし，元気いっぱいに育っているダウン症候群の子どもは大勢いますし，通常学級で友だちと共に学び，進学している子どももいます。

日本ダウン症協会の Web サイトには，「ダウン症は，生まれつきの特性（性格や体質のようなもの）の一つ」[12] と紹介されています。

エピソード2-7　「ダウン症の子どもはどうして生まれるの？」

「ねえ，先生，Ｆちゃんってみんなとちょっと違うよね。ママに聞いたら，『ダウン症』って教えてくれたよ。どうしてそうなったの？」幼稚園の年長さんのクラスの子どもが私に尋ねてきました。え，どうしよう。何て答えたらいいのだろうとあわてていると，すぐそばで話を聞いていた先輩の保育者がにっこり笑いながらやって来ました。

「あのね，三つ葉のクローバーの中に四つ葉のクローバーが，時々あるのを知っているかな？」

「うん，知っているよ。この間，ママと探して見つけられたんだ。幸せになれるっていうんでしょ？」

「それはよかったね。ダウン症の子どももそうなの。時々生まれる子どもなのよ」

「そうかあ。しあわせの四つ葉のクローバーだね」

主任と私は，顔を見合わせてうなずきました。

子どもたちは，ダウン症の子どもの外見の違いから「どうしてあの子はみんなと違うの」と尋ねてくることもあるでしょう。そんな時に，やさしい言葉でわかるように伝えてあげると納得します。

また，ダウン症の人たちは容貌（ようぼう）が似ているため，兄弟姉妹や双子だと思っている子どももいます。ダウン症の特徴が顔に表れやすいのは，体内で顔の周囲の骨は通常の速度で発達するのに対し，顔の中心部の成長が遅れるためです。でも，よく見るとそれぞれ違っているし，やはり両親に似ているのです。

■（2）知的発達症のある子どもへの援助の方法

1）身辺自立を育てる支援

障害のない子どもと比べてゆっくりではありますが，支援によって着実に成長していきます。飽きやすかったり不器用だったりすることを念頭に日常生活動作の獲得に向けて，工夫することが大切です。その際，子どもの様子を見ながら，スモールステップ[*21]で目標を決めて支援を行うことで，無理せず一歩一歩確実に自立に向けて成長していくことでしょう。「自分でできた！」という達成感が，次の意欲につながります。

① 食事の支援

知的発達症の子どもの中には，咀嚼（そしゃく）や飲み込みをうまくできない場合があるのでスプーン，フォーク，箸などをうまく使えない場合は，写真のように皿を小さめにしてすくいやすい形状のものを用い，スプーン等を持ちやすくする

*21　スモールステップ
　目標を達成させるために目標を細かく設定して，一つずつクリアしながらできるようにしていく技術。

ためにグリップなどの工夫をすることで，子どもによっては徐々に一人で食べられるようになってきます。食べる量については，最初は少な目に配膳して，子どもの様子を見て「おかわり」という要求のサインや言葉を引き出しながら，徐々に増やしていくとよいでしょう。中には，決まった飲み物とバナナなど軟らかい食べ物しか受け付けない子どももいますが，違う食感のものを混ぜたり，少量用意しておいたりして，少しずつ食べられるものを増やしていくことが大切です。「できたね」「もぐもぐするよ」「すごい」など，適切な言葉掛けをしたりほめたりすることにより，意欲的に楽しく食事ができるよう心掛けましょう。

食後の歯磨きまで，一連の流れの中で行えるようにすると，食後のよい習慣が身につきます。自分で歯を磨けるように歯磨きの順番がわかるカード[22] を用意するとよいでしょう。

＊22　歯磨きカードと，カードを見ながら歯磨きをする子ども

左側が深くなっていてすくいやすい皿

片手でカップを持ちスプーンですくいやすいカップ

持ちやすく工夫されたグリップ

エピソード2−8　子どもの心に届く言葉掛け

　Gちゃん（5歳・女児）は，知的発達症があり，何をするにもゆっくりで，集団で行動する時に一人遅れてしまうことがよくあります。

　「さあ，早くカミカミして食べてしまおうよ。Gちゃん，何しても遅いんだもん。頑張って早くしようって思わないとダメだよ」

　いつまでも食事をしているGちゃんは，私の言葉が聞こえているのか聞こえていないのか，まったく変わらずゆっくりモグモグしています。

　支援加配※のH先生が学級に入ることになりました。H先生は，食事が始まってすぐに「Gちゃん，パクパク食べているね。元気モリモリだね！」と声を掛けています。すると，無表情だったGちゃんがパッと明るい顔になりました。しかし，今日の給食もGちゃんが最後でした。するとH先生は，「すごいね。あとちょっとで追いつきそうだったよ」と声を掛けています。次の日からGちゃんは，H先生にほめてもらいたくて，スピードアップして食べているのがわかります。そして，それから3か月が経ったある日のことです。「Hてんてい，見て」とH先生に言ったかと思うと，Gちゃんはパクパク食べて，時間内に給食を終わらせました。

　「Gちゃん。すごいね！」みんなの拍手に笑顔いっぱいのGちゃんでした。

※支援加配…障害のある子どもがよりよい生活が送れるようにするために，通常の配置基準よりも多く保育者を配置すること。

知的発達症の子どもを何でも遅い困った子だと決めつけて，マイナスの言葉掛けばかりをしていると子どもは成長しません。スモールステップで目標を決めて，できたことをその場ですぐほめて支援していくことが大切です。子どもの気持ちに添った言葉掛けが，食べる意欲を育み，やがて自立へとつながっていくのではないでしょうか。

②　衣服や靴の着脱の支援

衣服の着脱は，目と手の協応[*23]ができないと難しいので，まずはすっぽりと脱ぎ着ができるものから始めて，マジックテープやファスナーやボタンホールが大きなものに変えていくとよいでしょう。衣服には表側に刺繍（ししゅう）やアップリケなどの目印があれば，前後ろの区別がつきます。衣服をたたむのも最初は手を持って声を掛けながら支援して，徐々に一人でできるようにしていきます。チェック表を作り自分一人でできればシールを貼り，一緒にできたことを確認して，「一人でできた」という達成感を感じることも効果的です。

そして，家庭と連携して同じ方針で支援していくことで，子どもも混乱せずに衣服の着脱を身に付けていけます。

靴（くつ）にも右左がわかるように絵を描く，印をつける，かかとにヒモが付いた靴を用いて引っ張りやすくするなどの工夫があります。靴箱の近くに座って靴を着脱できる場所[*24]を作ることで，落ち着いて着脱ができるでしょう。

③　トイレの支援

排泄の自立を進めるには，その子どもの排泄のタイミングを見計らって，時間を決めて「トイレに行くよ」と声を掛けて行う必要があります。うまくできたらたくさんほめることが大切です。オシッコの合図やサインや言葉で伝えることを教えていけば，自立に向けた動きが出てきます。たとえ失敗しても叱らずに自分からそれを先生に伝えることができれば，たくさんほめます。中には，個室の暗いトイレを怖がる子どももいるので，明るくして，音楽をかけたり，子どもの好きな掲示物を貼ったりして楽しい環境[*25]にすることでトイレを嫌がらなくなることもあります。

トイレの立ち位置[*26]や座る位置がわかるように写真カードや印をつけたり，体に合った便器を用意したりすることも大切です。子どもの不安をなくすために保育者が側で「ここにいるからね」と声掛けをしたり，部屋に帰ってから「○○ちゃん，上手にできたよ」と他の子どもたちに伝えて，拍手をもらったりすることなどで成功体験が増えて自信につながります。

2）社会性を育てる支援

知的発達症の子どもの社会性を育てるには，その子どものコミュニケーション能力の状態を把握することから始めることが大切です。会話を楽しむことや保育者や友だちと遊びを通して関わることで，社会性が育ちます。

＊23　目と手の協応
　目から入った情報が手を動かす機能と連携して働くことを指す。目と運動機能の連携がうまくいかなければ不器用さの原因になる。

＊24　靴の着脱が座ってできる椅子。

＊25　わかりやすくできるスリッパ揃え，トイレドアの楽しい環境。

＊26　立ち位置がわかる掲示。

①　言葉の支援

　知的発達症のある子どもは，一度に多くの情報を理解することが苦手です。ゆっくり，はっきり，言葉を句切って理解できる話し方を心掛けましょう。子どもたち全体に話をした後で，個別にわかりやすく伝えることも大切です。

　日常あまり使わない言葉については，実物，絵カード，写真などの視覚的支援をすることによって，言葉ともの，事柄がマッチングしていきます。

　指示を与える時には否定的な言葉（例えば「走ったらダメ！」）よりも伝わりやすい肯定的な言葉掛け（例えば「歩くよ」）を心掛けましょう。また，子どもが言葉だけでなく動作で要求や拒否を表した時は，保育者はそれを見逃さないように対応することで，子どもの積極性を育むことができます。その際，「お水がほしいのね」「トイレ行きたいの」「お絵かきは嫌なの」などと置き換えて子どもに返すことで，言葉の獲得につなげていきます。

　言語聴覚士（ST）[27] による個別の検査や訓練を取り入れて指導・支援を行うことにより，効果をあげている発達支援施設もあるようです。

> ＊27　言語聴覚士（ST）
> 言語や聴覚に障害のある人に対して，検査と評価を実施し，指導や支援を行う。国家資格が必要。

エピソード2−9　「ちゃんとするよ」

　保育実習に来ているさくら組（4歳クラス）の朝の会が始まります。先生の「さあ，席に着くよ」の言葉で一斉に子どもたちは席に着きます。Iくんも，積み木で遊んでいましたが，みんなの様子を見て自分の席に着きました。

　まだ，遊びの余波でザワザワしている子どもたちに「ほら，ちゃんとして！」と声を掛けるとみんなは背筋をピンと伸ばしますが，Iくんは手遊びをしています。「Iくん，ちゃんとして！」の言葉にも，様子に変わりはありません。

　今日は，ちぎった折り紙を台紙に糊で貼って，あじさいを作る活動をします。Iくんに「糊はちょっとだけつけるよ」と伝えていたのに，ベッタリとつけてしまいました。「『ちょっと』って，先生が言ったでしょう」とIくんに言う私に，担任の先生がそばに寄ってきます。「『ちゃんと』『ちょっと』ではなくて具体的に伝えないと理解できませんよ」と耳打ちしてくれた言葉を聞いて，私はハッとしました。

　知的発達症の子どもに「ちゃんと」「ちょっと」と言った抽象的な言葉は通じにくく，混乱を招く場合があります。「ちゃんと」は「お背中伸ばして」「手はおひざだよ」などの言葉に置き換えたり，「ちょっと」は，「ご飯粒くらい」「ダンゴ虫くらい」などと具体的にイメージできやすいものに置き換えたり，実物を見せて，「これくらい」と伝えることで，理解がしやすくなります。背中をピンと伸ばしていたり，話をする人の方を向いて話を聞いていたりした時にすかさず「ちゃんとお話し聞けているね」と言葉掛けを続けていく中で，「ちゃんと」の意味を少しずつ理解できるよう促していきます。

②　遊びの支援

　子どもは，遊ぶことで成長します。知的発達症の子どもが目を輝かせて主体

的に活動できるような場や支援を心掛けます。遊びを通して体の動きをつくったり，ごっこ遊びを通して創造性を養ったり，ゲームを通してルールを身に付けたりできる活動を仕組んで行うことが大切です。

身体のバランス感覚を獲得できるような遊具[*28]，物を作る遊びやごっこ遊びができるコーナー，手先を使った遊びができるコーナーを作ることで，知的発達症の子どもたちも意欲的に遊ぶことができます。保育者による手作りのコーナーや玩具[*29]は，どの子にとっても楽しさ倍増です。

知的発達症の子ども一人ひとりの遊びのレベルは違いますが，人と関わる遊びや創造的な遊びなど，時間をかけて支援をすることでできるようになります。そのためには，保育者も遊びの中に入り，順番を待つことやルールを守ることなどについて，さりげなく手を引いたり，理解できる言葉で伝えたりする必要があります。

しかし一方で，いつも保育者が遊びをリードするのではなく，自分で遊びたい遊具を選んだり，遊びたい友だちの所に行ったりと，自己決定能力を高めていくことで，子どもは達成感や満足感を得ることができるでしょう。

子ども同士で，いつの間にか楽しそうに遊んでいることもあります。そんな時は遠くから見守り，子ども同士の交流を大切にするとよいでしょう。

＊28　バランス感覚を体得する遊具。

＊29　力の入れ方を体得する手作り玩具。

■（3）ダウン症の子どもへの援助

ダウン症の子どもの発達はゆっくりですが，普通の成長の道筋を通って着実に成長していきます。風邪を引きやすかったり，熱を出しやすかったりと病気にかかりやすいので，体調には配慮が要りますが，ゆっくり丁寧に育てていけばその子のよさも引き出されて，成長していきます。乳幼児期には，おとなしく手がかからない子どもが多く，だからこそ，たくさんの声掛けや豊かな表情で接して，愛情深く育てていくことが大切です。

エピソード2－10　保育所の実践　ダウン症の子って頑固なの？

Ｊちゃんは，5歳児のダウン症の女の子です。2歳で保育所に入ってから，ゆっくりではありますが，着実な成長を見せてくれました。歌や踊りが大好きで，笑顔がかわいいＪちゃんは，皆の人気者です。

今日は，どろんこ遊びをする予定です。「さあ，園庭でどろんこ遊びをするよ」という保育者の声に子どもたちは歓声を上げながら，駆け出そうとしています。「上のシャツを脱いで，パンツになるよ。帽子も忘れないで」の声かけに子どもたちは，服を脱ぐのももどかしそうです。そんな中，Ｊちゃんに声を掛け，シャツを脱ぐ手助けをしようとすると，「イヤ！」と手を払いのけます。

　座り込んで動こうとしないJちゃんの姿に「また，頑固になっちゃった」とため息が出ます。Jちゃんは，皆と同じように行動できずに頑<ruby>頑<rt>かたく</rt></ruby>なになってしまうことがよくあるのです。
　しかし，Jちゃんの様子をうかがうと，部屋の中に座り込んでいますが，目は園庭の子ども達のほうに注がれています。楽しそうに活動している様子を十分にながめたJちゃんに「先生と行こうか」と手を広げて待つと，Jちゃんは，私の胸に飛び込んで来ました。

　今から何をするのか，先を見通せないJちゃんは日頃行わない活動をする時に不安になります。そこで，まずJちゃんは，「イヤ」と意思表示をして，「大丈夫」「怖くない」「楽しそう」と様子がわかるまでに十分な時間を必要とします。さらに「先生と行く？」「一人で行く？」などの言葉掛けは，自分でそれを選択して，気持ちを切り替えることに効果的です。
　ダウン症の子どもは，思いが通じなかったり，見通しがつかなかったりした時に動かなくなることがありますが，頑固であると決めつけずに時間をかけて安心させて，気持ちを切り替えてあげる手助けをすることが大切です。

■（4）関係機関との連携

　知的発達症の子どもには，様々な支援が必要となってきますが，同時に行うことは混乱をさせてしまうので，長期目標，短期目標を決めて，子どもの様子を見ながら進めていくことで成長を促せます。継続的に，保健センター，療育センター，児童相談所などの専門の機関と連携し，医師や保健師，ソーシャルワーカー，児童心理司など，複数の目で総合的に観察して，チームで子どもを育てていくことが大切です。

エピソード2-11　成長にも踊り場

　K君は，軽度の知的発達症がある4歳の男の子です。週に一度通っている療育センターの先生が，保育所に発達の様子を見に来てくれました。今日は，母親との懇談もあります。
　「友だちと比べるとできないことばっかりです。まだ，トイレに間に合わないこともあるし，食べる時もボロボロこぼしてばかり。時間もうんとかかるのです」。母親の話を聞きながら階段を上っていると，ちょうどそこにK君がお友だちと階段を下りてきました。皆は，すいすいと階段を下りてきますが，K君は手すりにつかまって片足を下ろしたら，両足を揃えて，また片足を…と，ソロリソロリと下りてきます。
　「K！ お母さん，教えたでしょう？ 足を右左って出して階段を下りるのでしょう。この間できたじゃない」。母親から叱られたと思ったK君は固まってしまいました。
　「お母さん，K君は，今は片足ずつの方が安心して下りられるのだと思いますよ。もう少ししたらできるようになりますから」
　「先生，私はできるだけみんなと同じようにさせたいのです。他の子は，どんどん成長していって，あせってしまいます」
　「お母さん，Kくんは成長の階段に踊り場がたくさんあると思ってはどうですか。少し休んで，十分にできるようになって次の階段を上ったほうが意欲も出てきますよ」

　健常な子どもであれば自分で身に付けていけるようなことでも，知的発達症の子どもは，細やかに支援してもらって小さな階段をゆっくり上っていくように成長していきます。その小さな階段が上がれるようになるたびにほめたり，シールなど目に見える方法で知らせたりすることで，子どもは意欲的に取り組むようになります。そして，急がせないで，十分にできるようになって，次の階段を上ることが本人の自信につながります。保護者へのさりげないアドバイスは，担任だけでなく，他の保育者，あるいは連携した専門職の人から伝えてもらうことで，より効果が期待できます。

　上記エピソードのように専門の機関からの訪問指導を受けて，その子どもの成長の確認や保育者との関わりを見てもらうことで，課題がはっきりしたりアドバイスをもらったり支援の優先順位をつけたりすることができます。専門機関との連携を積極的に推進していきたいものです。

❋ 演習課題 ❋

❶　車椅子を利用している子どもが入園してきた場合，どのような合理的配慮が考えられるか話し合ってみましょう。

❷　知的障害の子どもの発達を促すための遊びの場面での支援の方法を話し合ってみましょう。環境，保育者の関わり，子ども同士の関わりの視点から考えます。

コラム

ルールを変える　　　　　　　　　【幼稚園での実習】

　実習先に，足に障害のあるＬちゃんという女の子がいました。皆と同じ遊びをしたくても，ドッジボールや鬼ごっこ等は，「私はできないから見ているよ」と言って混ざることがありませんでした。すると，Ｍ君が「Ｌちゃんもできるようにルールを変えようよ」と言い，みんなでルールを少し変えて一緒に遊ぶことができました。他にも階段の昇り降りを子どもたちが進んで手伝ったりしていました。

　子どもたち同士の助け合いを見ることができ，とても感動しました。

【学生Ｙ．Ｎ．】

(出典) 小竹利夫：実習エピソードでつづる　子どもや障碍がある人の心の世界，川島書店，2016

■引用文献■

1 ）文部科学省 web サイト（http://www.mext.go.jp/a_menu/shotou/tokubetu/004/004.htm）：特別支援教育について（4）肢体不自由教育，2020 年 1 月 16 日閲覧

2 ）梅津八三：重複障害児との相互補生，東京大学出版会，1997，p.5

3 ）小竹利夫：実習エピソードでつづる　子どもや障碍がある人の心の世界，川島書店，2016，pp.127-128

4 ）小竹：前掲書 3 ），p.145

5 ）小竹利夫：障碍のある子どもとの教育的係わり合い——一人ひとりの思いに寄り添う—，川島書店，2019，pp.141-147

6) 梅津：前掲書2), p.84

7) 小竹：前掲書3), p.94（筆者が一部改変）

8) 鯨岡峻：人と人の間にあるもの，手をつなぐ，9月号，全日本手をつなぐ育成会，2008, pp.4-7

9) 厚生労働省 web サイト（https://www.mhlw.go.jp/toukei/list/101-1c.html），用語の解説　知的障害，2020年1月17日閲覧

10) 厚生労働省：知的障害（者）基礎調査結果の概要，2001

11) 尾崎康子・小林真・水内豊和・阿部美穂子：よくわかる障害児保育 第2版，ミネルヴァ書房，2018, p.42

12) 日本ダウン症協会 web サイト（http://www.jdss.or.jp/family/index.html），2020年1月20日閲覧

■参考文献■

・尾崎康子・小林真・水内豊和・阿部美穂子：よくわかる障害児保育，第2版，ミネルヴァ書房，2018

・西村重稀・水田敏郎編：障害児保育，中央法規，2017

・青木豊・藤田久美編：新版障害児保育，一藝社，2018

・鯨岡峻編：障害児保育 第2版，ミネルヴァ書房，2013

・本郷一夫編：シードブック障害児保育，第3版，建帛社，2015

・小川英彦編：ポケット版保育士・幼稚園教諭のための障害児保育キーワード100，福村出版，2017

・武藤久枝・小川英彦編：コンパス障害児の保育・教育，建帛社，2018

第3章

視覚障害・聴覚障害・言語障害のある子どもの理解と援助

1 視覚障害のある子どもの理解と援助

（1）視覚障害のある子どもの理解

1）視覚障害の定義

＊1 屈折異常
　網膜上に焦点が合わず鮮明な像が結ばれていない状態。遠視，近視，乱視などがある。

＊2 中心暗点
　見ようとする中心部分が見えにくい視野障害。視力は不良で，細かい部分まで正確に把握することが難しい。

＊3 視野狭窄
　見える範囲が狭くなる視野障害。視力は良好なことが多いが，周辺が見えないために，一度に広い範囲を把握することが難しくなる。

＊4 暗順応障害
　暗所や夜間に見えにくくなり，一般的に「夜盲」と呼ばれる。網膜にある光を神経信号に変換する視細胞のうち，杆体（かんたい）細胞の障害で起こる。日中でも，明るい場所から暗い場所に移動したときには注意が必要となる。

＊5 羞明
　光に対して異常にまぶしく感じる状態。網膜や視神経の病気，角膜や水晶体などが混濁することで眼の中で光が散乱する状態，光に対する過敏性などが原因としてあげられる。

視覚障害とは，視機能の永続的な低下により，学習や生活に支障がある状態をいいます。視機能には，視力，視野，光覚，色覚などがあり，これらが障害され，治療しても改善しない状態を視覚障害といいます[1]。

視覚障害のうち，保育・教育の観点から最も問題となるのが視力障害です。一般的に両眼で見た時の視力（両眼視力）が0.3未満になると，黒板や教科書の文字を見るのに支障をきたすようになります。そこで両眼視力0.3未満を教育上特別な支援や配慮が必要となる視力の目安としています（学校教育法施行令第22条の3）。

なお，ここでの視力とは，眼鏡やコンタクトレンズで屈折異常[＊1]を適切に矯正（屈折矯正）したときの視力（矯正視力）をいいます。

視力以外にも，中心暗点[＊2]や視野狭窄[＊3]，暗順応障害[＊4]，羞明[＊5]などにより，学習や生活に支障がでてくることがあります[1]。

2）視覚障害の原因

視覚は，網膜に映った像を神経信号に変えて脳に伝える過程，脳で分析する過程より成り立っています。外界の視覚情報は光として眼球に入ってきます。その光は眼球内にある角膜，水晶体という2枚の透明なレンズで屈折され，網膜上に像を結び，網膜で神経信号に変換されます。その後，信号は視神経を含む視覚伝導路を介して脳内の視覚中枢に伝えられます。さらに高次の中枢で信号が分析されることで，形や色，空間や動きを認識できます。視覚障害は，これらの過程のいずれかの部分が病気で障害されることによって起こります。

特別支援学校（視覚障害）を対象とした調査研究（2015（平成27）年）では，幼稚部（3〜5歳）および小学部（6〜12歳）での視覚障害の原因は，先天素因が最も多く，原因となっている病気の上位には，幼稚部では小眼球症，虹彩欠損，未熟児網膜症[＊6]，視中枢障害，視神経欠損，小学部では未熟児網膜症，小眼球症，虹彩欠損，視神経萎縮[＊7]，網膜色素変性[＊8]があります。

3）視覚障害のある子どもの実態と必要な配慮

　乳幼児期は，視覚の発達において重要な時期です。病気により正常な視力の獲得が困難な場合でも，保有視覚を可能な限り発達させることが重要です。また，この時期は心身の発達の基盤が培_{つちか}われる時期です。生後早期より視覚からの情報が得られない，または得られにくくなると，外の世界への関心が広がりにくく，自発的な行動が制限されます。また，視覚的模倣_{もほう}による行動や動作の獲得が困難になります。これらは，様々な領域の発達に影響を及ぼします。全身運動，手指機能，言葉，社会性，基本的生活習慣の領域について，視覚障害のある子どもでみられやすい発達の実態と必要な配慮は次の通りです。

①　全身運動

　視覚障害のある子どもでは，「走る」，「投げる」といった基本運動の能力，全身のバランスをとる能力，巧みに体を動かす能力など，運動を調整する能力の発達に遅れがみられることが指摘されています[2]。子どもが安心して行動できる環境を整えた上で，様々な遊びを通して，自発的に体を動かす楽しさや心地よさを感じながら多様な動きを経験できるように配慮することが必要です[3]。

②　手指機能

　視覚障害のある子どもでは，基本的な手指機能の発達に遅れがみられることが多く，特に手指を使って操作する機能でその遅れが目立つといわれています。基本的な手指の機能を高めていくために，日常生活の中で積極的に手指を使うことを促していきます。また手指の操作を必要とする様々な遊びや活動を意識的に多く取り入れていくよう配慮することが必要です。

③　言　葉

　視覚障害のある子どもでは，言葉の使い方に関して，具体的経験を伴わない音声だけの言葉を用いる傾向にあることが指摘されています[4]。豊かな言葉を身に付けていくためには，直接経験の機会を増やすことが重要です。その経験した事物・事象と言葉を結びつけ，具体的なイメージ，そして概念の形成を促していくことが必要です。

④　社会性

　視覚障害のある子どもでは，見えにくさによる行動の制限が他人への依頼心を高め，自発性が育ちにくいといわれています。また他人との接触の機会が少なく，集団生活への参加が難しいとの指摘があります[5]。意図的に子ども同士の集団での遊びを働きかけ，様々な人間関係を経験させることで，協同性，自発性を育んでいきます。

⑤　基本的生活習慣

　視覚障害のある子どもでは，身辺処理能力の発達に遅れがみられることが指摘されています。特に手指の操作能力を必要とする動作で遅れが著しいといわ

れています[6]。視覚情報の不足を補うため，使う物や環境を工夫します。その上で，家庭との連携を図りながら具体的にスモールステップで指導し，徐々に自分でできることを増やしていきます。その指導においては，子どもが達成感を味わいながら意欲的に取り組めるよう配慮することが必要です。

　保護者は，子どもの障害受容に至るまでの心理的葛藤や子育てに対する不安や戸惑いなど，様々な問題を抱えています。保育者には，保護者の抱える問題を共有し，適切な情報を提供することで，心理的安定を図ることが求められます。また，視覚障害のある子どもとその保護者の支援には，視覚特別支援学校をはじめ，医療，保健，福祉などの関連機関との連携，協力が不可欠です。

■（2）視覚障害のある子どもへの援助の方法

1）視覚障害のある子どもに対する基本となる捉え方

　視覚障害は心身の発達に影響を及ぼし，障害となった年齢が低いほどその影響は大きくなります。視覚障害のある子どもが，就学や社会参加における困難を乗り越えていくためには，本人の心身の発達程度が力となります。そのため，心身の発達を最大限に引き出すよう早期から支援を行うことが必要です。その支援で重要なことは，子どもが発達に必要な経験と学習を積み重ねていくことができるよう，保有視覚の活用はもちろん，触覚や聴覚などの感覚を総合的に活用できるための支援を行うことです。

　視覚障害は個人差が大きく，保有視覚がどの程度活用できるかによって支援の方法も様々であるため，まずは保有視覚の評価が重要です。眼科医師や視能訓練士などの視覚領域の医療専門職との連携も必要となります。

エピソード3−1　日々の観察から保有視覚の状態を把握する

　重症心身障害のあるAちゃん（8歳・女児）は，眼の前のおもちゃなどに反応を示さず，視覚活用は難しいと思われていました。Aちゃんとの関わり方に悩んでいたB先生は，あるとき光るおもちゃをいろいろな方向から見せながらAちゃんの反応を観察していたところ，左側で光らせたときに眼が動くことや瞬きが多くなることを見つけました。その後，眼科を受診し，左側に見える範囲があり，大きなものであれば見えていることがわかりました。B先生は，視覚を活用したAちゃんとの今後の関わり方のきっかけをつかむことができました。

　視覚障害の程度や状態は様々です。正面で見えていなくても周辺で見えていることもあります。エピソード3−1では，B先生は光を使って視反応を観察することで，見えるおおよその位置を見つけることができました。根気強く観察することは大切です。今後は，光だけでなく，具体物を用いて，その大きさなどを変えながら，どのくらい見えるのかを観察することにより，保有視覚の

程度をおおよそ推定することができるでしょう。

2）視覚の活用

わずかでも保有視覚がある場合には，その活用を促すことが重要です。まず，屈折異常があれば「屈折矯正」を行い，その上で一人ひとりの保有視覚の状態に合わせて「見やすい環境」を整備します。さらに「見る力」を高める指導を行っていきます。

①　屈折異常の矯正

子どもでは主に眼鏡が用いられます。たとえ裸眼視力と眼鏡での視力との間に差がなかったとしても，網膜に映っている像がぼやけたままなのか，屈折矯正により鮮明な像が映っているのかでは，見え方の質は異なります。後述の補助具を使って物を拡大して見る場合，ぼやけた像よりも鮮明な像を拡大する方が見やすくなります。

エピソード3−2　屈折矯正により視覚情報の入力を援助する

　Cちゃん（4歳・女児）は，3歳になっても眼の前のおもちゃなどにはあまり興味を示さず，手を伸ばして取ろうとするそぶりもほとんど見られませんでした。眼科で眼の精密検査を受けると，強い屈折異常があることがわかりました。その後，眼鏡をかけるようになってからは，自分から周囲のものに視線を向けて，手を伸ばして掴むようになり，一生懸命見ようとする態度がみられるようになりました。視力もわずかながらよくなってきました。

屈折異常を矯正し，鮮明な網膜像をつくることは，見やすい環境整備の第一歩です。単に見やすくするだけでなく，常に眼鏡をかけておくことで視力の発達を促すといった大切な目的もあります。適切な屈折矯正は，見る環境を整え視覚発達を促進するための基本であり最も重要な事項です。

②　見やすい環境の整備

a．コントラストの向上　　物の見やすさには，大きさだけでなくコントラスト[*9]も重要な要素となります。視覚障害のある子どもでは，コントラストに対する感度が低いことがあり，その場合，文字や図形が見えにくかったり，階段や段差がわかりにくくなります。コントラストを向上させるためには，照明レベルを上げることや物体と背景に明るさの差をつけるとよいでしょう。

b．まぶしさへの対応　　視覚障害のある子どもの中には，まぶしさを強く感じる子どもがいます。その場合，教室の全体照明と電気スタンドなどの個人用の照明器具を活用して，子どもにとって適切な照度を保つように配慮します。その際，眼に直接光が入らない工夫が必要です。また，直射日光を避けたり，教室の照度を調節したりするためのカーテンなどの設置も有用です[1]。光の反射を軽減するために読み材料の白背景を黒背景に反転することもあります。また，遮光眼鏡[*10]を用いることで，まぶしさを軽減できることもありま

*9　コントラスト
　物体と背景の明るさの差を意味する。日常生活では，コントラストの低い物のほうが多い。

*10　遮光眼鏡
　まぶしさの要因となる短い波長の光を選択的にカットすることができる特殊レンズを用いた眼鏡で，身体障害者用の補装具として法的に取り扱われる。屋外用や屋内用など様々な種類があり，コントラストを強調させる効果もある。一般的なサングラスとは異なる。

＊11　ルーペ（近用拡大鏡）

近くの物を拡大して見るための凸レンズで，柄のついた手持ち型，スタンド型，眼鏡型などの種類があり，照明がついたものもある。物とレンズの距離を一定に保つことが必要であるため，低年齢で使いこなすことは難しく，幼児期には就学後の学習場面で活用するための練習・体験が主体となる。

＊12　罫プレート，タイポスコープ

黒色の厚紙やプラスチックシートに，行幅に合わせた細長い窓を空けた補助具で，黒画用紙などで自作することもできる。見たい場所や読む行を特定でき，読みやすくなる。黒地であるため反射を抑えまぶしさを軽減することができる。

す。一方で，暗順応障害のため暗くなると見えにくくなる子どももいます。最適な光量には個人差があることを知っておく必要があります。

　ｃ．書見台，罫プレート，タイポスコープの活用　　視覚障害があると，網膜に映る像を大きくするために対象に近づいて見ます。ルーペ[11]を使う際も近づく必要があるため，通常の机では前かがみになり疲れやすく，長時間の作業には不向きです。書見台は作業面に角度をつけられるため，楽な姿勢を維持できます。中心暗点がある場合，罫プレートやタイポスコープ[12]が有用です。

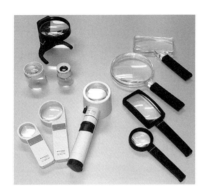

様々なルーペ（近用拡大鏡）

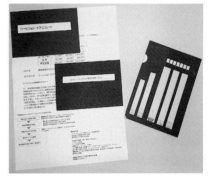

タイポスコープ（左）と罫プレート（右）

エピソード3－3　読みやすくするための工夫で視覚活用の意欲を高める

　Ｄちゃん（9歳・女児）は，絵本や拡大本[※]を読むのが苦手でした。絵を見るのは好きでしたが，すぐにやめてしまいます。Ｅ先生は集中力に問題があると考え，その援助をいくつか試してみましたが，うまくいきませんでした。Ｄちゃんが絵本を読む様子をくわしく観察していると，指で押さえながら文字を読んでいることに気づきました。そこで，読んでいる場所や行がわかりやすいよう，黒画用紙でいくつかの種類の囲いを作り，それを使ってみると，Ｄちゃんは途中でやめることなく，最後まで読むことができるようになり，絵本や拡大本を読むのが好きになりました。

※拡大本…通常の書籍より文字や図版，イラストなどが大きく印刷された本。近年では，拡大だけでなく，書体や字間・行間，背景，色，レイアウトなどが，見やすく工夫されたものも多い。

＊13　単眼鏡

主に遠くの物を拡大して見る時に利用する。視界は狭く，見たい対象を瞬時に捉えるには練習が必要となる。動く物体では，対象物の拡大に比例して見かけの速度も大きくなるため，移動しながらの使用や動く物体の観察には不向きである。

単眼鏡

　エピソード3－3でＥ先生が作ったのは，罫プレートやタイポスコープと呼ばれる補助具です。視覚を活用する環境が整えば，好奇心が旺盛な子どもは，積極的に視覚を活用できることも少なくないのです。

　ｄ．ルーペ，単眼鏡の活用　　物を拡大して見る方法に，ルーペや単眼鏡[13]があります。ルーペは近くの物を，単眼鏡は主に遠く

の物を拡大して見る時に使います。これらは屈折矯正した状態で使用することが原則です。

　e．拡大読書器，タブレットなどのデジタルデバイスの活用　　近年のデジタルデバイスの発展に伴い，拡大読書器[*14]だけでなく，タブレット端末やスマートフォンなども容易に拡大して見るツールとして利用できるようになりました。教育場面での有効性も証明されています[7]。拡大だけでなく，白黒反転や読み上げ機能などのアプリケーションソフトも充実してきており，今後の主流となっていくことが考えられます。

＊14　拡大読書器
　カメラで撮影した文字や画像をモニターに拡大して映すことができる機器。倍率を自由に変えることができ，ルーペよりも高倍率で見ることができる。白黒反転機能もついている。卓上型（据置型）と携帯型がある。

③　「見る力」を高める指導

　視覚障害のある子どもは，周りの環境や事物・事象を認知する際，細部まで正しく捉えることや，全体と部分の関係を理解することが困難であるといわれています。

　このような視覚を介した認知の困難さは，学習や生活に影響を及ぼすことから，幼児期から保有視覚を最大限に活用するための「見る力」を意識的に育てることが必要です。様々な遊びを通して，意識的，合目的的に見る力，視覚情報に合わせて手や体の動きを調整する力，視覚を介して細部と全体をバランスよく捉え，対象の特徴を正確にイメージする力を系統的に育てていきます。子どもが楽しみながら意欲的に取り組めるよう，子どもの実態に即して，内容を選択しステップアップしながら「見る力」を高めていきます。

3）触覚の活用

　視覚障害のある子どもでは，視覚からの情報不足を補う手段として触覚を活用します。触覚を活用するためには，手指の感覚，空間の認知力，図形や属性の弁別力を育てていく必要があります。まず，さわることが楽しい，心地よいと感じる経験を多く積み，触覚から情報を得ようとする意欲を育てます。その上で，触経験の機会（量）とバリエーション（質）を増やし，物の形状や属性を把握したり弁別するための手の動かし方や指先の感覚を身に付けたりしていきます。同時に事物・事象の概念形成を促していきます[8]。

　手を動かして触ることのできる空間（触空間）について，手前，向こう，右，左などの位置関係を理解させ，空間をイメージできるようにします。また，自分の身体のイメージをしっかりと持たせ，自分の体を基準とした位置関係，他の人や物など自分以外を基準とした位置関係を理解できるようにします[8]。

4）聴覚の活用

　聴覚は触覚と比べ，より広範囲の空間認知において重要な役割を果たします。生活の中で聞こえてくる様々な音について，保有視覚や触覚を活用して確認させ，空間や言葉の概念形成を促していきます。

2 聴覚障害のある子どもの理解と援助

■（1）聴覚障害のある子どもの理解

1）聴覚障害の定義

聴覚障害とは，先天的または後天的な原因によって聴力が失われることで，音が聞こえない，小さく聞こえる，音が歪（ゆが）んで聞こえるなどの状態であり，医学的には，外部の音声情報を大脳に送るための部位（外耳，中耳（ちゅうじ），内耳（ないじ），聴神経）のいずれかに障害があるために[9]聞こえに問題を抱える状態であるとされています。聴覚障害は，社会の様々な情報が遮断されることによって日常生活の困難さやコミュニケーションの問題をきたす障害です。

2）聴覚の構造と機能

聴覚の構造と機能は，外耳，中耳，内耳で区分されており，外耳は耳介と外耳道からなります。耳介は音の集音作用と音源の方向を知る働きがあります。外耳道は音を鼓膜（こまく）まで導く管であり，共鳴により約 10 ～ 15 dB[*15] 程度，音を増強させ中耳に伝えます。中耳は鼓膜と鼓室，耳管からなり，鼓膜で受けた音は，鼓室にある耳小骨（じしょうこつ）（ツチ骨，キヌタ骨，アブミ骨）における骨と骨の連動運動によって音を約 25 dB 増強させます。また耳管は鼓膜の張りを保つため，鼻腔（びくう）とつながっており鼓室内の気圧を調整しています。中耳で増強された音は内耳に伝えられます。内耳は聞こえ（聴覚）を掌（つかさど）る蝸牛（かぎゅう）と平衡感覚を掌る半規管（三半規管）からなり，耳小骨で振動した音は蝸牛内の有毛細胞を刺激し電気信号に変換して脳に伝え音として認識されます。半規管（三半規管）からの神経を前庭神経（ぜんてい），蝸牛からの神経を蝸牛神経と呼び，２つを合わせて聴神経と言います（図３‐１）。

＊15 dB（デシベル）は，人間の耳に入ってくる音の大きさを表す単位。
10 dB：呼吸音を感じる程度。
20 dB：木の葉がふれあう音を感じる程度。
40 dB：換気扇の音を感じる程度。
60 dB：学校の授業の声を感じる程度。
80 dB：救急車のサイレン音を感じる程度。
100 dB：電車が通る時のガード下の音を感じる程度。
120 dB：飛行機のエンジンの爆音を感じる程度。

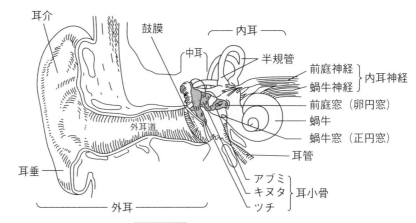

図３‐１　聴覚の構造と機能
（出典）竹内修二：解剖生理学，改訂２版，2007，医学芸術社 p.314

3）聴覚障害の原因

聴覚障害の原因としては，先天性要因と後天性要因の2つがあります。

①　先天性要因

胎児期・周産期において，家族性遺伝，母体感染（風疹，梅毒，サイトメガロウイルス，トキソプラズマ，風疹，ムンプスなど），高ビリルビン血症（黄疸），早産（37週未満），低出生体重（1,500ｇ以下），出生時仮死，頭蓋顔面奇形，各種染色体異常症（ダウン症，Treacher-Collins症，Goldenhar症など），聴器毒性薬物などの出生前の要因によって聴覚機能に障害をきたします。

②　後天性要因

頭部外傷，ウイルス感染症，聴神経腫瘍，突発性難聴，メニエール病，心因性難聴，外リンパ瘻，騒音性難聴，薬剤，中枢性聴覚障害などの病気や事故などの出生後の要因によって聴覚機能に障害をきたします。

4）聴覚障害の分類

①　伝音性難聴

外耳または中耳に問題が生じることが原因で起こる難聴です。外耳道閉鎖症（小耳症），耳垢栓塞，中耳奇形，中耳炎，耳硬化症などによって起因し，最大約60dBの聴力が低下します。音を増幅する器官の障害であるため，内耳に伝える音を手術治療や補聴器*16（図3-2）の装用で増幅することが有効です。

＊16　補聴器
　耳に入る音を増幅させる医療機器。挿耳型，耳かけ型，ポケット型などの種類がある。

挿耳型：HI-C3タイプ
リオン（株）

耳かけ型：HB-A2AA
リオン（株）

ポケット型：HD-70
リオン（株）

図3-2　補聴器の種類

②　感音性難聴

主に蝸牛の障害で，音を蝸牛で電気信号変換して蝸牛から聴神経，聴覚中枢までの聴覚器官に問題が生じることが原因で起こる難聴です。先天性内耳形成不全，感染性内耳炎，騒音性難聴，突発性難聴，外傷性難聴，聴神経腫瘍，メニエール病などの疾患によって起因します。感音性難聴は，音を電気信号に変換して脳に伝達する機能の障害であることから，補聴器で音を増幅しても効果が得られに

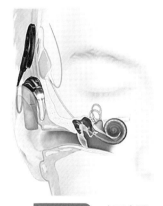
図3-3　人工内耳
（出典）㈱日本コクレアHP

＊17　人工内耳
　体外装置であるサウンドプロセッサのマイクロホンが音を拾い，拾った音をデジタル信号に変換する。デジタル信号は，送信コイルを通じて皮膚の下（体内）にあるインプラントに送られる。インプラントは，受信したデジタル信号を電気信号に変換し，蝸牛に挿入されている電極に送る。インプラントの電極が蝸牛の聴神経を刺激し，この刺激が脳に送られて，音として認識される。

くいため，人工内耳＊17（図3－3）の装用が有効な場合もあります。

③　混合性難聴

伝音性難聴と感音性難聴が合併した障害です。遺伝，騒音，薬剤，先天性疾患，頭部外傷，感染症などによって起因します。症状には個人差が大きく，伝音性と感音性の重症度の差によって，補聴器装用の有効性も異なります。

5）聴覚障害の重症分類

聴覚障害における重症度の分類は，一定のものに統一されていませんが，ここでは日本聴覚医学会難聴対策委員会が示す分類を表3－1に示します。

表3－1	聴覚障害の重症度分類
軽度難聴	25 dB 以上 40 dB 未満
中等度難聴	40 dB 以上 70 dB 未満
高度難聴	70 dB 以上 90 dB 未満
重度難聴	90 dB 以上

（出典）日本聴覚医学会難聴対策委員会

6）聴覚障害のある子どもの実態と必要な配慮

①　伝音性難聴のある子どもの状態像と配慮

伝音性難聴は外耳から中耳にかけての障害ですが，大きな声であれば言葉を聞き取ることができます。片耳難聴，両耳難聴，聴力の障害の程度により聞こえの状態は異なります。騒がしいなど環境の影響を受けやすいのが特徴です。

手術や投薬治療が有効で早期発見が重要です。また補聴器装用が有効ですので常に子どもに装用させることが重要です。

②　感音性難聴のある子どもの状態像と配慮

感音性難聴は内耳障害で，蝸牛で音を電気信号に変換させる機能の障害，電気信号を脳に伝える聴神経異常です。音は認識しても言葉を正しく理解することが苦手です。補聴器を装用しても言葉の認識が十分でない場合もありますが，補聴器は音の鳴る方向や車の音などを認識させ安全面を確保する上で装用させることが重要です。伝音性難聴と同様に片耳・両耳難聴によって聞こえの状態は異なります。補聴器より人工内耳の装用が有効な場合もあります。

③　混合性難聴のある子どもの状態像と配慮

混合性難聴は，伝音性と感音性難聴が混合した状態です。伝音性難聴，感音性難聴のどちらが主か把握していくことが重要です。障害の状態に応じた配慮が必要で，補聴器または人工内耳の装用が必要となります。

以上の聴覚障害のすべてにおいて，補聴器や人工内耳の装用は重要です。いずれも高額で精密な医療機器で，衝撃や水など取扱いの注意が重要です。聴覚障害の状態像は様々で，個々の状態を適切に把握した上での援助が必要です。

■（2）聴覚障害のある子どもへの援助の方法

聴覚障害のある子どもは，身体には問題ないですが生活場面で聴覚的な情報

不足から困難さを示しますので援助が必要です。共通する援助の基本について
考えてみましょう。

1）聴覚障害のある子どもへの援助の基本

① 保育者の指示の出し方や環境に配慮する

聴覚障害のある子どもは，周囲が騒がしい状態では音や言葉の認識が困難で
す。片耳難聴の場合は，正面からまたは良耳側から指示を出さないと音の聞こ
える方向が認識できないことがあります。基本的に指示を出す場合は，静かな
環境の中で指示をします。言葉だけによる指示だけではなく，発達年齢に応じ
てスケジュール表，写真，絵，文字などの視覚的情報を提供します。制作活動
場面などでは，手順表（絵・写真）などの提示をするなど視覚支援が必要です。

② 補聴器・人工内耳の管理を適切に行う

補聴器や人工内耳は高額で精密な医療機器です。子ども同士の遊び場面で外
れて他児が足で踏んでしまい破損します。プール活動で浸水して故障の原因に
なるなど，機器に対する配慮が必要です。防水の機器も増えていますが注意し
ましょう。補聴器は，低年齢ほど装用することに違和感から取り外す傾向があ
ります。言葉の獲得段階にある子どもにとって，補聴器装用は重要な役割を果
たしています。必ず装用するように管理が必要です。

エピソード３−４　**注意が必要な場面**

　　F君は補聴器を装用したお子さんです。日頃から補聴器が水に濡れそうな場面では，補聴器
を外していました。今年，はじめてのプールの時間のことでした。
　　プールの中で準備体操をしていると保育者が，F君が補聴器をつけていることに気づき，あ
わてて外したことで補聴器を濡らさないで済みました。

このエピソードは，普段は注意している事でも少しの環境の変化で，注意が
それ，事故につながることを示しているでしょう。また，子ども自身が補聴器
を管理できるように育てていく保育者の姿勢も重要です。

③ 子ども同士のトラブルに配慮する

聴覚障害のある子どもは，聴覚の問題から他児とのコミュニケーションのく
い違いによるけんかなどのトラブルを起こすことが多くあります。聴覚障害の
ある子どもが問題児として取り上げられますが，その多くが子ども同士の誤解
によるものです。保育者は聴覚障害のある子どもの気持ち受け止め，子ども同
士の誤解を取り除いてあげることが必要です。また聴覚の問題から遊びのルー
ルを十分に理解していないことがあります。わかるように説明してあげること
がとても重要です。聴覚障害のある子どもだけが一方的に注意を受けること
で，自信を失い，孤立することがあるので注意が必要です。

G君は難聴のある子どもです。入園したばかりのG君は，自由あそびの時間になると毎回のようにけんかが絶えませんでした。G君は「貸して」がうまく言えず，他の子の玩具を取り上げてしまいます。しだいにG君と遊ぶ子が少なくなっていきました。

このエピソードは，難聴によってコミュニケーションが苦手で，遊びのルールを理解していないG君と，G君は「乱暴もの」と思った子どもたちの誤解によって起こった問題だと考えられます。難聴の子どもが一緒に遊べるようにルールの提示と相手を思いやるクラスの雰囲気づくりが保育者の姿勢として必要であることを示しています。

④　子どもの安全に十分に配慮する

聴覚障害のある子どもは，車の音，バイクの音，電車の音などが認識できないことがあります。様々な音を教えると同時に園外活動などでは，交通安全に十分な注意が必要です。園内の外遊びなどでは，保育者の指示が子どもに届かないことで，ボールが当たる，子ども同士がぶつかるなどの事故が起こりやすいため，十分な見守りが必要です。けがに注意して下さい。

⑤　集団活動への参加に配慮する

聴覚障害のある子どもは，活動内容や集団場面の話し合いの内容が理解できていない場合があります。周囲の話の内容が理解できないために孤立感や疎外感を感じることが多くあります。保育者は，活動状況や周囲の話の内容を理解しているか見守り，必要に応じて絵やジェスチャー，文字など視覚的支援を有効に活用して理解させていく配慮が必要です。

⑥　子どもの自信・安心につながる関わりを持つ

聴覚障害のある子どもは，周囲の話の内容や活動にうまく入れないことから自信を失っていくことがあります。様々な活動場面を通して，障害のない子どもと同じように発表場面など多くの体験を与え，成功体験を多く与えることで自信を持たせる関わりが必要です。子どもと話をする際は，子どもと目線を合わせて，気持ちを理解できるまで聞いてあげることで，保育者との安心・信頼関係を育むことが重要です。

2）聴覚障害のある子どもへの援助の実際

片耳・両耳難聴，伝音性難聴，感音性難聴など障害の種類や程度によって，聞こえの症状は一人ひとり違います。保育・教育における援助も個々に応じて異なります。障害の状態を保護者，医師・言語聴覚士・療育関係者等の専門職からの情報を詳細に聞き取り，一人ひとりの状態に応じた援助を行います。

①　コミュニケーションに対する援助

聴覚障害の程度は，子どもによって様々であり，それぞれの状態に応じて，

保育環境の配慮や援助を行います。言葉だけによるコミュニケーションではなく，早期から指文字，手話，ジェスチャー，文字，絵，写真など様々な方法を活用して，子どものコミュニケーションを保障することが重要です。

②　集団活動に対する援助

聴覚障害の程度によっては，集団への参加が難しくなる場合があります。園活動において他児と一緒に楽しむことのできる活動内容の工夫が必要です。

また，他児の年齢に応じて聴覚障害に対する理解を促し思いやりの心を育むことも重要です。

3　言語障害のある子どもの理解と援助

保育所や幼稚園，認定こども園（以下，園）における言語障害（コミュニケーション障害）のうち，構音障害（語音症）と吃音（小児期発症流暢症）のある子どもの理解と支援について学びましょう。

（1）構音障害（語音症）のある子どもの理解

1）構音発達

乳児は10か月頃母語の音声知覚が完成しますが，まだ構音器官の発達が不十分なため，意図した日本語音を構音できません。

肺から出た呼気で声帯が震えてできた音（喉頭原音）が咽頭から口腔（音によっては鼻腔も）を通るうちに共鳴して，人それぞれの声となります。子音を例にあげると，奥舌の閉鎖・開放[*18]でカ行音およびガ行音，舌先の閉鎖・放出でタ行音およびダ行音，ナ行音

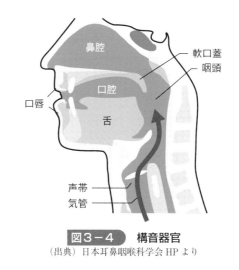

図3-4　構音器官
（出典）日本耳鼻咽喉科学会 HP より

（ナ行は鼻からも放出），唇の閉鎖・放出でパ行音およびバ行音，マ行音（マ行は鼻からも放出）になります（図3-4）。

構音発達の順序は一般に表3-2のように言われています。

2）構音障害（語音症）の定義

「会話によるわかりやすさを妨げ，または言語的コミュニケーションによる意志伝達を阻むような，語音の産出に持続的な困難さがある。社会参加，学業

*18　奥舌の閉鎖・開放
　奥舌を持ち上げさせて呼気の流出を一時的に止めた後開放するとカ行音およびガ行音が産出される。

表3−2	日本語子音の構音確立時期
4歳前半	パ行，バ行，マ行，タ行，ダ行，ナ行，カ行，ガ行，チャ行，ジャ行
4歳後半	シャ行
5歳前半	サ行，ツ
5歳後半	ザ行，ラ行

（出典）中西靖子・大和田健次郎・藤田紀子：構音検査とその結果に関する考察。東京学芸大学特殊教育研究施設報告，1，1972

成績，または職業的能力の1つまたは複数を妨げ，症状の始まりは発達期早期である。その困難さは，脳性マヒ，口蓋裂[*19]，聾，難聴などの先天性または後天性の疾患，頭部外傷，その他の医学的疾患または神経疾患などによるものではない」と定義されています[10]。これはいわゆる機能的構音障害を指します。

3）機能的構音障害の状態像と原因

① 置　換

幼児音（構音遅滞）：センセー→テンテー，クツ→クチュのように構音発達の遅い音が早い音に，50音表でいえばある行音が他の行音に置き換わっています（表3−2）。原因は構音器官の発達の未熟と考えられます。

> **エピソード3−6　本人が気にしていない場合と気にしている場合**
>
> 「僕，クチュって言えないんだよ」と話してくれた年長児。「ツ」が「チュ」に置換するのを自覚していますが，よくおしゃべりする男児でした。
>
> カ行およびガ行が，タ行およびダ行に置換する小学校1年生の女児は，元気におしゃべりしていたのですが，授業参観時の指名音読で，保護者がざわついたことで自信を失って，それ以来音読を嫌がるようになってしまいました。

幼児音は障害か否かの考え方ですが，エピソード3−6の男児は気にしておらず生活に支障が出ていないので通常発達，女児は気にして生活に支障が出ているので障害といえるのではないかと思われます。

以下は置換ではあるものの，幼児音とは別の誤りです。オトーサン→オトーファン（サ行音→歯唇音/f/）のように50音表以外の音へ置換している場合が稀にあり，成人後も残ることがあります。この発音のある一人の青年は，/f/構音時に声が小さくなり，気にしていることがうかがえました。原因は構音操作の誤学習と考えられます。

50音表全般に音が障害され開鼻声[*20]も激しく，粘膜下口蓋裂[*21]を疑った子どももいました。紹介した形成外科での診断は，粘膜下口蓋裂などはみられず，誕生後に経管栄養で過ごしたため軟口蓋と舌の動きが悪い状態で構音を獲

＊19　口蓋裂
胎児のとき口蓋（口の天井）は左右から融合するが，その融合不全で口蓋裂（骨や筋肉の断裂）が生じる。口蓋だけに裂がある場合，口唇まで裂がある場合（口唇口蓋裂）がある。

＊20　開鼻声
通常は口から発せられる呼気が，異常に鼻から漏れてしまう声のこと。

＊21　粘膜下口蓋裂
軟口蓋の粘膜はつながっているがその下の筋肉に裂があると軟口蓋の動きが障害され，全般的に鼻漏れした構音になる。

得した誤学習のためだろうということでした。

②　歪　み

側音化構音は，通常の構音では呼気は舌背の中央を通って口外へ出ますが，舌の側方から漏れ出ると構音が歪みます。「ヒシチジキギ」など50音表のイ段やエ段がひずんで「チーズ→キーズ」っぽく聞こえたりします。この原因は，構音操作の誤学習[*22]と考えられます。

③　ラダ行音混同

ラ行は構音確立の遅い音ですから，<u>ラ</u>クダ→<u>ダ</u>クダだけなら構音確立の早いダ行音への置換と言えます（表3－2）が，ラク<u>ダ</u>→ラク<u>ラ</u>は構音確立の早い音が遅い音に置き換えられているということになってしまいますし，<u>ラ</u>クダ→<u>ダ</u>ク<u>ラ</u>と構音する子どもも園では少なくないため，混同と考えるのが妥当です。リルとヂヅでは誤りません。

＊22　構音操作の誤学習
　50音表の他の行音に置換されている場合は，多くの場合年齢とともに構音獲得していくが，p.50で紹介した/s/→/f/の青年と同様，歪みは自然治癒することがあまり期待できない。

エピソード3－7　「ろっちのレ？」

　筆者は，ラ行とダ行の文字を書き誤る小学校2年生男児と言語障害通級指導教室で1年間お付き合いしました。作文を書いて「〜れす」「らかだ」などの誤りをその都度直させたのですが，1年間たってこの男児は「ろっちのレ？」と筆者に質問しました。「『れ』・『で』の2種類文字があるけど，この場合どっちの文字を使うのですか？」という質問です。

　質問されて，大変おどろきました。1年間の指導はこの子には何ら役に立っていなかったからです。同時に，説明されても理解できない授業が1年続いた苦痛と戸惑いはいかほどだったろうかと，反省しました。

　なお，このエピソードから筆者はラダ行音混同の問題を研究するようになりました。

ダ行音は，多くの子どもでは構音確立の早い音ですが（表3－2），約10％の子にとっては最も構音確立が遅れる音です（表3－3）。

このラレロ↔ダデドの混同をラダ行音混同といい，小学校低学年では書字にも誤りが出て（図3－5），大人になっても残る人もいます。筆者はエピソード3－7の経験以後，聴覚弁別能力の未確立が原因で，/r/と/d/を同じ音として聞いているこ

表3－3　ラダ行音混同児の出現率

検査時期	出現率
年長10月	9％（529人中54人）
小学1年7月	7％（516人中32人）
小学1年9月	6％（531人中27人）
小学2年5月	4％（518人中20人）

とに気づきました。そして，後述のように/r/の立ち上がりを引き延ばして聞かせると，聞き分けやすいことがわかりました。

④　その他

音韻同化[*23]は，個別の音は正しく構音できるが前後音に影響される誤りで，3歳児頃によくみられます。この誤りが，年長児や小学生でも稀にみられま

＊23　音韻同化
　例えば，子どもが「テム」という愛犬を「ペム」と呼んでしまっていて，言い直しをさせても直らなかったため，「ペム」と改名したといった例がある。

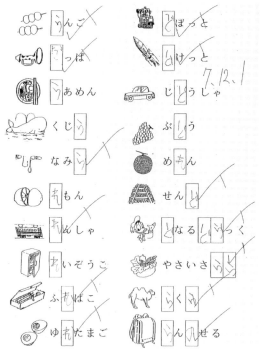

図3-5　小学1年生のラダ行音の誤り

す。スパゲッティがフパベッピィとなる例では両唇破裂音（パ）に影響されその直前の歯茎摩擦音（ス）が両唇摩擦音（フ）に，直後の軟口蓋破裂音（ゲ）も両唇破裂音（ベ）に，最終の歯茎破裂音（ティ）も両唇破裂音（ピ）となって，唇音化しています。この誤りは構音の誤りではなく，音の配列の誤りです。

また，省略をする（テレビ→ビのように言う）子どももいます。

⑤　配　慮

直接的な言い直しをさせると話すことを嫌がることもあるため，会話内容に注意を向け，楽しく話ができる環境をつくることが基本です。本人や保護者が気にしているようであ

＊24　言語障害通級指導教室
　言語障害のある子どもが通常の学級に在籍しながら障害特性に合った「通級による指導」という個別の指導を受けるための教室。幼児担当を置いて，幼児を受け入れている自治体も少なくない。

れば，保健センターや言語障害通級指導教室＊24に相談してみてください。

ただしラダ行音混同については，保育者が日常会話の中で「○○君，ゥラーメンが好きなんだ」というように，/r/をやや引き伸ばし気味にして聞かせると/d/と区別しやすく聴覚弁別能力の発達を促せます。

4）器質的構音障害の定義

DSM-5の語音症では除外項目ですが，触れておきます。口蓋裂・粘膜下口蓋裂などでは開鼻声が目立ち，50音表全般の構音が障害されます。口輪筋マヒでは唇音（パバマ行音）が障害されます。入園前に耳鼻科や形成外科とつながりがある場合がほとんどですが，ごく稀に入園後発見されることがあります。身体的な障害の種類や程度にもよりますが，手術と系統的な言語訓練により日常会話に支障のない構音獲得が期待できます。

▶（2）吃音（小児期発症流暢症）のある子どもの理解

1）定　義

「音節の繰り返し，音節の延長，単語が途切れることの一つ以上を持つ非流暢な話し言葉で，話すことの不安により精神的・身体的緊張を伴うことがあり，コミュニケーションや社会参加の回避を引き起こす」症状を吃音（小児期発症流暢症）といいます[10]。

2）状態像と原因

「ぼ，ぼくは」のように音節を繰り返す"連発"，「ぼ～くは」と引き延ばす"伸発"，「っ，ぼくは」と音節が出てこない"難発"があります。連発から伸発や難発へ移行することがあり，また症状も目立たない・目立つを繰り返します。思うように言葉が出ずタイミングを取ろうとうなずくように顔を動かす，足をドンと踏み込むというようなことがみられたり，話すのを回避するなど，身体や心理に症状が出ることもよくあります。

筆者は吃音の自覚のない学生から相談を受けたことがあります。小学校低学年から言葉がうまく出ず，短大の授業で絵本の読み聞かせなどに非常に苦痛を感じ，指名されると「自分が自分じゃなくなるような感じ」になるとのことでした。ストレスに耐え切れず心療内科に通い，退学まで考えていました。筆者はそれまでの会話では全く気づかなかった（吃音には波がある）のですが，症状や付き合い方を説明し，環境調整（指名発表や音読回避など）しただけで，保育所・幼稚園の実習を乗り切りました。事態がわからないと不安に押しつぶされそうになりますが，理解できるとうまく付き合っていけるという例です。

原因不明で，頻度は幼児で5％，そのうちの80％は成人までには消滅し，成人では1％と言われています。

3）配　　　慮

園では吃音には触れず，会話内容に注意を向けます。吃音症状について指摘されると，自信を失ってしまい，話すことを回避したり，吃音症状が悪化してしまうことがありますから，保育者は子どもたちをよく観察し，本人からも困ったことはないか聞いてみる必要があります。

ご自身が吃音者でもある九州大学耳鼻咽喉科の菊池良和医師のアドバイスをまとめておきます[11]。

環境調整：真似される，「どうしてそんな話し方をしているの？」と質問される，話し方を笑われるなどのことはいじめに発展する危険性があるので，事情説明等適切な指導をすること。

直接支援：日直などでみんなの前で号令をかけなければならない場合などは，複数で号令をかけるようにする。

保護者や本人が気にしているようであれば，言語障害通級指導教室や言語聴覚士のいる病院などを勧めます。症状を改善させる決定的な支援法は開発されていませんが，学齢児ではあらかじめ音読練習（斉読→独り読み）をして読む自信をつける，話す速度の調整，楽な話し方の練習などに加え，クラスや保護者を含めた環境調整が行われています。

❋ 演習課題 ❋

❶　視覚障害のある子どもに対する見やすい環境整備のために，保育所等（現場）で何ができるか，整理してみましょう。

❷　難聴の子どもが一緒に遊べるルールを考えてみましょう。また，そのルールを難聴の子どもにわかりやすく教える方法を考えてみましょう。

❸　機能的構音障害がある子の支援について，下の表をもとに話し合ってみましょう。その際，本人や保護者が気にしているかに留意してください。

	園でできること	専門機関との連携
センセーをチェンチェーのように言う		
50音表が全般的に障害されている		
チーズをキーズ，キリンをチリンのように言う		
ラクダをダクラのように言う		

コラム

コミュニケーションの工夫　　　　【保育所での実習】

　今回の実習で私は，難聴のあるE君（5歳）と出会いました。E君がいる年長クラスは，1・2日目に担当しました。1日目はどのように接したらよいのか，どのような子どもなのかわかりませんでした。そのことを保育者に聞くと，「少し聞きづらい所があるから大きな声で話してみてね」と言われました。それから，「E君！　何しているの？」と目を見て大きな声でゆっくりと話してみました。すると，E君は「一緒に遊ぼう」と言ってくれました。

　その日は，保育者がクラスの他の子どもたちに，E君は聾学校に行くことや，指文字や手話を使うことを伝えていました。指文字をふざけて行うとE君が混乱してしまうということも教えていました。それから，みんなで友だちの名前や"アイウエオ"などの指文字をE君に教えてもらいながら会話をしていました。このことから，子どもたちなりにE君への理解ができているのだと気づきました。私も一緒に指文字や手話を教えてもらったり，短大の授業で習った指文字で自己紹介をしたりしました。

　また，給食の時に，遠足の班ごとに分かれて座りました。私はE君がいる3人の班で一緒に食べました。保育者の「遠足の時に乗りたい乗り物を決めてもいいよ！」という掛け声で，他の2人が話し始めました。私は，やはり2人だけで話すのかなと思っていました。すると，2人のうちの1人Fちゃんが，「E君は何乗りたい？」と，ゆっくりと大きな声で問い掛けていました。私は，子どもたちがE君のことをよく理解し，みんなで決めるということもわかっているのだと知り，とても感動しました。

　それから，私もたくさん話すようになりました。すると，私が他のクラスを担当している時も，E君は「今日はここなの？」「今日はママがお迎えに来る」等と話をしに来てくれるようになりました。こうしたE君との関わりを通して，一人ひとりの子どもに合わせてコミュニケーションを工夫することが大切だと学ぶことができました。　　　　【学生E．M．】

（出典）小竹利夫：実習エピソードでつづる 子どもや障碍がある人の心の世界．川島書店，2016

■引用文献■

1）文部科学省 web サイト（http://www.mext.go.jp/component/a_menu/education/micro_detail/_icsFiles/afieldfile/2014/06/13/1340247_06.pdf）：第3編 障害の状態等に応じた教育的対応 Ⅰ視覚障害，2020 年 1 月 21 日閲覧
2）五十嵐信敬：視覚障害学入門，学芸図書，1991，pp.41-44
3）文部科学省，幼児期運動指針，2012
4）青柳まゆみ：視覚障害教育入門 改訂版，ジアース教育新社，2015，pp.30-33
5）斉藤和良・中田英雄・佐藤泰正：視覚障害幼児の社会的発達について，心身障害学研究，3（2），1979，pp.9-16
6）五十嵐信敬・青山祥二・藤野真理・大塚須美子：盲幼児の身辺処理能力の発達とその指導，特殊教育学研究，10（1），1972，pp.24-33
7）氏間和仁：小学校におけるタブレット PC の活用の効果―弱視特別支援学級のA児の指導過程を通して，弱視教育，53（2），2015，pp.1-11
8）阿部美穂子：よくわかる障害児保育 第2版，ミネルヴァ書房，2018，p.111-112
9）東京大学 web サイト（http://www.ds.adm.u-tokyo.ac.jp/receive-support/hearing.html）：バリアフリー支援室，2020 年 1 月 15 日閲覧
10）高橋三郎・大野裕監訳：DSM-5 精神疾患の分類と診断の手引き，医学書院，2014
11）菊池良和：吃音の世界，光文社新書，2019

■参考文献■

・立木孝監修：聴覚検査の実際，日本聴覚医学会編，南山堂，2002
・藤田郁代監修：聴覚障害学，医学書院，2015
・毛束真知子：絵でわかる言語障害，学習研究社，2002
・喜多村健編：言語聴覚士のための聴覚障害学，医歯薬出版，2005
・山口晃史：妊婦とワクチン，日本病院薬剤師会，2016
・中澤操：聴覚障害のリハビリテーション医学，2011，pp.130-139
・福島邦博：乳幼児難聴の聴覚医学的問題，Audiology Japan54，2011，pp.263-269
・湖崎克：学校教育と視力，あたらしい眼科，10（8），1993，pp.1299-1303
・柿澤敏文：ロービジョン児者の就学と学校教育機関，日本の眼科，89（9），2018，pp.1221-1225
・五十嵐信敬：視覚障害学入門，学芸図書，1991，pp.35-36，39-41
・猪平眞理：五訂版 視覚障害教育に携わる方のために，慶應義塾大学出版会，2016，pp.231-234，239-240
・唐木剛：ロービジョンケアマニュアル，南江堂，2000，pp.198-200
・唐木剛：視反応の乏しい児への対応，臨床眼科，53（5），1999，pp.795-799
・石田みさ子：ロービジョンケアマニュアル，南江堂，2000，pp.89-91
・佐島毅：視力の弱い子どもの理解と支援，教育出版，1999，pp.86-103
・牟田口辰己：五訂版 視覚障害教育に携わる方のために，慶應義塾大学出版会，2016，pp.121-122
・内藤泰他：難聴対策委員会報告―難聴（聴覚障害）の程度分類について―，日本聴覚医学会，2014，pp.1-6
・大塚登：ラダ行音の誤りについての研究，聴覚言語障害，20，1991，pp.29-33
・大塚登：書字に見られたラダ行音の誤りについての研究，聴覚言語障害，20，1991，pp.69-74
・大塚登：ラダ行音を誤る子どもの聴覚弁別能についての研究，聴覚言語障害，21，1993，pp.143-153
・大塚登：ラダ行音の構音発達についての研究，音声言語医学，38，1997，pp.243-249
・小嶋知幸編：やさしくわかる聴覚言語障害，ナツメ社，2016

第4章

発達障害のある子どもの理解と援助

1 自閉スペクトラム症のある子どもの理解と援助

（1）自閉スペクトラム症のある子どもの理解

1）自閉スペクトラム症の定義

　自閉スペクトラム症のある子どもを初めて担当した保育者のエピソードを見てみましょう。

エピソード4−1　　Aちゃんの気持ちがわかりたい…

　Aちゃんは1歳の頃から保育所に通い，少し不思議な感じがある女の子でした。

　運動発達に大きな遅れはなく，よちよちと歩き始めると，①好きなおもちゃや置物のところにまっしぐらに行ってしまいます。②言葉は自分からあまり話すことはなく，「お茶いる？」と聞くと「お茶いる」とそのまま答えますが，お茶がほしい様子でもありません。また「投げちゃいけません」と言いながらおもちゃを投げたり，③砂場で長い時間砂をぱらぱらと落としてながめていたりします。

　保育室では，④自分のお気に入りの椅子があり他の友だちが座っているとその椅子を無理やり取り上げて，トラブルになることもあります。また⑤偏食も激しく，白いご飯以外は食べたがりません。また，急に⑥保育室を出て行って涼しい場所にじっといることもあります。そんなAちゃんの気持ちは，どうすればわかるのか保育士は悩んでいます。

　Aちゃんのように「なんだか他の子どもと違うな」と感じられる子どもがいます。以前は，知的な障害として考えられていました。1943年にアメリカの児童精神科医カナー（Kanner, L.）により「早期幼児自閉症」として症例報告[1]されて以来，様々な変遷を経てきました。現在は「自閉スペクトラム症[*1]（Autism Spectrum Disorder：ASD）として，DSM-5（アメリカ精神医学会『精神疾患の診断・統計マニュアル』）により「対人関係や会話など社会的コミュニケーションの困難さ」と「常同的反復的な行動や行動パターン・興味の限局（こだわり）」の2つが大きな特徴とされています。感覚の過敏がみられることも特徴であり，配慮が必要です。子どもによって様々な症状や障害の程度があり，子どもたちの状態は多岐にわたっています。

*1　DSM-5では，「自閉スペクトラム症/自閉症スペクトラム障害」と表記され，本書ではこのうち「自閉スペクトラム症」を用いる。

2）自閉スペクトラム症の原因

　カナーが報告した当時は精神疾患である統合失調症が原因として想定され，その背景として保護者の養育態度の影響が考えられていましたが，現在では脳

の機能障害であるとされています。それは妊娠中に何らかの原因で引き起こされるものとされており，はっきりと原因の特定はできていません。4：1の割合で男児に多く，出現率は約100人に1人といわれています[2]。

　また近年，マルトリートメント[*2]による愛着の障害が起きた場合も同じような症状が報告されています。しかし，それ以前に症状がある場合とない場合とでは，支援方法に違いがあるため慎重な生育歴や生活歴の検討が必要です。

3）自閉スペクトラム症によくみられる行動

　自閉スペクトラム症の子どもたちの特徴は，個人差もあり，早期に気づくこともありますが，一般的に，3歳までにはその症状が出てくるといわれています。その特徴を具体的に見てみましょう。

①　対人関係や会話など社会的コミュニケーションの困難さ（人と関わることが難しい・コミュニケーションがとりにくい）

　例えば，赤ちゃんの時に目が合わない，あやそうとすると泣き出す，一人でお気に入りのもの（きらきらするもの・回るものなど）をじっとながめていること好むような様子がよくあります。また親たちからは，今から思えば，要求が少なく手がかからなかったというような回想がよくあります。逆に親にとって意味がわからない状況で泣き続けるなど，育てにくい子どもであったということも聞かれます。歩き始めると，親から平気で離れたり，迷子になったりということもよくみられ，通常よりも手がかかることが多くなっていきます。また，障害の程度によって違いはありますが，言葉の発達が遅れることが多く，言葉が出ても通常よりも反響言語（即時性・遅延性）[*3]が長く続きます。また会話になることが難しく，興味のある同じ内容の話（鉄道・車・キャラクターなど）を一方的に話し続けたりします（エピソード4－1下線部①②）。

②　常同的な行動や行動パターン・興味の限局（こだわり行動）

　具体的には，手をひらひらさせたり，換気扇等のくるくる回るものを長い時間ながめたり，文字，数字に早くから興味を示したりします。また，ものの並び順や特定の位置に置くこと，同じ道順，エアコンの設定温度にこだわったりします。少し順番が変わったり，道路が工事中で通行できなかったりすると，パニックを起こしたりすることがあります（エピソード4－1下線部③④）。

③　感覚の過敏

　一人ひとり違いはありますが，痛みを強く感じすぎたり（洗髪・散髪・つめきり・歯の治療などを嫌がる），身体に触られることを嫌ったりします。逆に大きなけがをしても平気であったりする鈍感さがある場合もあります。また他の子どもたちより湿気や暑さに敏感で，すぐに涼しいところへ行ったり，洋服のタグがちくちくすると服を脱ぐような子どももいます。食べ物の味や舌触りなどにも敏感で，偏食が強い子どももいます（エピソード4－1下線部⑤⑥）。

＊2　マルトリートメント
「不適切な養育（かかわり）」とされ，虐待とほぼ同じ意味で使われる。大人側の加害の意図の有無とは関係なく，子どもにとって有害であるかどうかが判断の基準である。

＊3　反響言語
相手が話した言葉を繰り返して発声すること。「エコラリア」とも呼ばれる。例えば，「お茶いる？」と聞かれて「お茶いる」とそのまま繰り返すことを「即時性反響言語」と呼び，同じような場面で以前言われたり聞いた言葉を言いながら行動したり，まったく関係のない場面でCMのフレーズを口ずさんだりすることを「遅延性反響言語」と呼ぶ。

■（2）自閉スペクトラム症のある子どもへの援助の方法

1）自閉スペクトラム症の子どもの援助の基本

　慣れていないと，少し付き合うことが難しいと思われる自閉スペクトラム症の子どもたちですが，援助の基本を3つあげてみたいと思います。

　①　信頼関係をつくる

エピソード4-2　Bちゃんと一緒に楽しむ遊び

　4歳児のBちゃんは自閉スペクトラム症と診断されています。いつも砂場で砂をぱらぱら上から落として遊んでいます。保育室に入る時間になっても入らないことが多く，先生は無理やり引っ張って保育室に連れて帰ったり，「今は何の時間？」と長々とお説教をしていますが，効き目がありません。

　そんなある日，実習1日目の実習生がBちゃんと一緒に砂をぱらぱらと落として自由時間いっぱい遊んでいました。実習生は楽しそうにBちゃんと同じように砂を落としたり，またその方向を変えてみたりしています。すると，次の日，自由遊びのとき，実習生のそばにBちゃんがじっと立っていました。それから2，3日一緒に遊ぶことが増えてきたある日，自由時間の終わりに「お部屋に戻る時間よ」と実習生が声を掛けると，Bちゃんは黙って一緒にお部屋に戻りました。

　このエピソードで保育者は，Bちゃんに一生懸命ルールを教えようとしたり，怒ったり，無理やり連れていきましたが効果はありませんでした。しかし，実習生はBちゃんと一緒に遊ぶことを楽しみました。つまり「指示をする人」ではなく「一緒に楽しんでくれる人」であったわけです。信頼関係とは，子どもの行動を楽しみながら同じ時間を過ごすことを積み重ねて，子どもにとって指示ばかりではなく楽しいことを共有したり，認めたりする存在となることで構築されるのではないでしょうか。

　②　行動の意味を考え，子どもの気持ちを周囲に伝える

エピソード4-3　行動には意味があることに気づく

　Cちゃんは，お集まりのときに立っている子どもや泣いている子どもがいると，その子どものところへ行って叩いてしまいます。保育者は「友だちを叩いてはいけないよ」と注意をいつもしますが効き目はありません。保育者はそんなある日，「Cちゃんは泣いている子どもをなぐさめたいのかな」とふと思いました。そこで，Cちゃんに「なぐさめたいんだよね，その時は頭をなでてあげてね」と声を掛けました。するとCちゃんは泣いている子どもの頭をなでて，席に戻りました。それを見ていた他の子どもが「Cちゃん，やさしいね」と声を掛けてくれました。するとCちゃんもうれしそうにしていました。

　このエピソードのように，不思議だと思われる子どもの行動には意味があります。保育者はその行動の良し悪しだけを判断せずに，「どうしてだろう」，「その子の行動の意味を知りたい」と思う心を持つことが大切です。

この保育者は最初，Ｃちゃんの行動を止めたり，叱ってしまうことが多かったのですが，ある時，「友だちをなぐさめたいのかもしれない」と，Ｃちゃんの行動の意味に気づいています。そこで，Ｃちゃんの心に本当に共感することができ，「なぐさめたいんだよね」とＣちゃんの気持ちを言葉にして伝えています。そして，具体的な方法を伝える言葉掛けをしています。さらにその取り組みは，他の子どもたちにも伝わり，子どもたちからも「Ｃちゃんは困った子」というレッテルではなく，「やさしい子」と肯定的に捉えるきっかけとなりました。

　一見困ったと思われる行動に対しても，その原因を考え，まずは行動の奥にある気持ちを言葉にしてその子どもに確認することで，子どもは自分の「気持ち」に気づくことができ，そんな気持ちの時にはどのような行動をすればよいのかを学ぶことができます。そしてその「気持ち」を周りの子どもたちや大人に伝えていくことは保育者にとって重要な役割です。保育者の言動には，保育者の気持ちが込められており，周囲の子どもたちに伝わっていきます。周囲の子どもたちの気持ちが肯定的になると，クラスの雰囲気もよくなり落ち着いていくことも多くなります。

　③　情報を収集する

エピソード4－4　ガラスコップなら投げないよ

　Ｄちゃんは給食時にプラスチックのコップのお茶を飲み干した後，必ずコップを投げてしまいます。他の子どもに当たると危ないので保育者は叱ってみたり，言い聞かせてみたりしましたが，効果はありません。そのためＤちゃんがコップを投げそうになる時は，そばにいて止めてきましたが，２か月もすると保育者も疲れてきました。
　そのころ，Ｄちゃんが以前通っていた保育所の担任に会うことがあり，この話をすると「Ｄちゃんはガラスのコップだったら投げないですよ」と教えてくれました。それを聞いた保育者は母親にも聞いてみました。その話を聞いて母親は「そんなことをしていたなんて知りませんでした。うちではガラスは割れるのがこわいようで，ガラスの食器は投げないので，ガラスの食器を使っています」とびっくりして話してくれました。次の日からガラスのコップに変えると投げなくなりました。保育者は「もっと早くＤちゃんの周りの人から情報を集めるべきだった」と反省しました。

　このエピソードから，子どもをよく知る人（家族・前担任など）などから細かい情報を集めておくことは重要であることがわかります。特に年度の変わりや，新入園の時には，必ず子どもに関する情報を受けるよう引継ぎをしっかりと行いましょう。その時にはあまり重要ではないと思われることも，後で役に立つこともあるので記録は重要な役割を果たします。

２）自閉スペクトラム症の子どもの援助の実際

　自閉スペクトラム症によくみられる特徴にどのように対応したらよいのか，

表4－1　自閉スペクトラム症の保育のなかで現れやすい特徴

対人関係をつくることの難しさ
・人見知りをすることや甘え泣きをすることがない，または乏しい ・自分から人に関わりを求めようしない ・視線が合いにくい ・表情の変化が乏しい ・送迎の際に保護者とのやりとりがない，または乏しい
言語コミュニケーションの難しさ
・おうむ返し（反響言語：エコラリア）が多い ・ひとりごとが多かったり，同じ言葉を何度も繰り返す ・話し方に抑揚がない ・話し掛けられた言葉の理解が難しい ・言葉の裏の意味（例え話や冗談など）の理解が難しい
興味や関心が狭い限定された行動，イメージが変化することへの適応の弱さ
・特定の遊具や場所（例えば座る席）に執着する ・予定の変更に柔軟に合わせることが難しい ・自分の顔を叩いたり，くるくる回るなど自己刺激的な行動を繰り返す ・勝ち負けに強く執着する ・初めての場所に入ることを極度に嫌がる
感覚刺激に対する過敏さや鈍麻さ
・食べ物の好き嫌い（偏食）が激しい ・騒がしい環境では，耳をふさいだり目をつぶったりしている ・友だちに近づかない，また，友だちが近づいてくることを嫌がる

困ることが多くあります（表4－1）。特にパニックやこだわり行動にはその子どもの気持ちに寄り添った適切な対応が必要ですが，具体的にどのように声掛けをするか，気持ちを受け止めるかなどを考えて対応することは，とても大切です。エピソードを通して考えて見ましょう。

エピソード4－5　思い通りにならないと怒るＦちゃん

　自閉スペクトラム症と診断されている５歳児のＦちゃんのことで，保育者が一番困っているのは，自分の思い通りにならないと物を投げたり，お友だちを叩いたりすることです。例えばＦちゃんは自分が使う椅子と決めている椅子を他の子が使っていたり，好きなおもちゃが使えなかったりすると怒ることがあります。しかし怒る原因がはっきりわかる場合と，原因がわからず急に怒ったりすることがあります。その時は暴れているＦちゃんを部屋の外に連れ出し，静かな部屋で落ち着くのを待って，その後「こんなことをしちゃいけないよ」と言い聞かせるようにしています。でもあまり効果はありません。

　みなさんならどのように対応するでしょうか。このようにパニックになる場合，どのように対応したらよいか，具体的な方法を考えてみましょう。

① 困った行動へのアプローチのポイント

a．行動の原因と気持ちを考える　　困った行動については表4－2を参考に詳細に記録をして，例えば原因となること（特定の友だちの接触・天気・体調なども考慮する）についていくつか考えられることをあげてみましょう。

自閉スペクトラム症の子どもには，タイムスリップ現象＊4がみられることがあります。はっきりしている原因に対しては，できる範囲での環境の調整が必要です。しかし，すべての原因が取り除けないこともあります。そのため，嫌なことがあったときの自己コントロール力や気分転換の方法を考えることです。パニックなどの困った行動を無視したり，返事をしないという方法よりも，嫌な気持ちになっている子どもにとって，もっと楽しいわくわくすることを考えたり，気分転換することがどうやったらできるかを考えることが重要です。

＊4　タイムスリップ現象

小さなこと（同じような情景，におい，季節，天気，関わった人など）が誘引となって，過去の嫌な記憶が急によみがえること。

表4－2　保育記録例

　5月○日（木）　天気：晴れ
　登園時（8：45）は特に変わりなく，わりとにこにこと登園してきている。自由遊び（ブロック）を始めた。9：30頃，遊んでいたブロックをE君が「貸して」と言ってきてからとても不機嫌になり，ブロックの取り合いになり，泣いて，わめいて，大変だった。私はE君を連れて保育室から移動したが，20分ほどパニックは続いた。危険がないように気をつけて様子を見ていたら金魚のえさの缶，先生の机の上の鉛筆立て，棚の上に置いてある予備のハンカチは投げていたので，この3つは保育室から移動させておいたほうがよい。E君がもめる時間は朝が多いことにも気づいたので，朝の保護者からの聞き取りは念入りにしたほうがよいと思う。そこからポイントになることが見つけられたらと思った。

エピソード4－6　保育内容を工夫してみよう

　エピソード4－5のFちゃんの行動について先生はもう一度記録を読み直し，原因を探ることにしました。その結果，Gちゃんと話したり近くにいたりするとパニックになりやすいことがわかりました。そこで，できるだけFちゃんとGちゃんが同じグループで活動しないように，保育内容に工夫をしました。またFちゃんのお気に入りの椅子はシールを貼って（自分の持ち物として）必ずFちゃんが使えるようにしました。また，原因がわからない時にはFちゃんの好きな音楽を流したり，絵本を読んだりするようにしました。1か月もするとびっくりするほどパニックになる回数が減ってきました。

このエピソードでは保育者はFちゃんの困った行動について，もう一度詳細な記録をもとに原因を探しています。そして保育の中で物理的な環境を調整することで，パニックが減少しました。またFちゃんの好きな活動を取り入れることで，気分転換や気持ちを切り替えることがうまくいくようになりました。

できないことに注目して課題を考えることよりも，できることや好きなことを
どのように利用するかという発想が大切であることがよくわかります。

　こだわりってほんとに好きなこと？

　5歳のHちゃんはいろいろなこだわりがあります。物を並べる順番や保育所に来てからの行
動の順番など，細かく決まっています。特に，必ずお昼ご飯の前には職員室まで行って職員室
の小窓が閉まっているか確認しています。2か月程たったある日，先生はHちゃんが確認に行
く前になると機嫌が悪くなることに気がつきました。以前はうれしそうに走って行っていたの
が，大声で泣きながら行く時もあります。その行動がHちゃんにとって，面倒くさくなったの
かなと考え，泣き叫ぶ前に「もう職員室の窓は閉めてきたよ」と声をかけました。するとH
ちゃんはわざわざ職員室に行くことを止めて，次の日からは「窓閉めて来てね」と先生に声を
掛け，次第にその声掛けもなくなっていきました。

　　　　　　自閉スペクトラム症の子どもたちには，様々なこだわり行動があります。こ
だわり行動を一緒にしてみるとパターンや順序，何が好きなのか，なぜしてい
るのか，予測することができる時があります。またこだわり行動の中には好き
でやっていることばかりではなく，強迫的にやめられなくなっていることもあ
ります。エピソード4－7の保育者は，Hちゃんが"やりたくないけれどもや
らなくてはいけない気持ち"になっていることに気づき，さりげなく声掛けを
しています。そのことでHちゃんの気持ちが安心し，強迫的なこだわりをやめ
ることができました。その見極めこそが大切ですが，やはり丁寧にこだわり行
動に付き合っていくことから気づけるのではないでしょうか。また本当に好き
なこだわり行動や物などは，将来の仕事や趣味にどのようにつなげていくかを
考えていくとよいでしょう。実際に水が大好きで，水道に関わる仕事に就いて
いる人や，芸術的なものづくりを生きがいとしている人たちもいます。
　　b．どの行動から取り組むか　　困った行動がいくつかある場合は行動の内
容・頻度・こだわりの強弱などを分析し，本人や周囲の負担が多いものから取
り組んでみるのがよいかもしれません。しかし，問題があまり大きくない，取
り組みやすい問題から取り組んで，取り組みが成功すると保育者側の自信につ
ながりますし，一つがうまくいくと保育者の気持ちにも余裕が生まれます。ま
た他のことが同時に消失することがあります。その際，保育者側の肉体的負担
を減らす方法を考えることも重要です。

　身体の疲れは心の疲れ

　4歳のIちゃんはお部屋の水道を出しっぱなしにして，手洗い場をびしょびしょにしてしま
います。保育者はそのたびに床を拭いてIちゃんに注意をしますが一向に改善しません。保育
者は床をふく肉体的負担にも疲れてきました。そんな時，職員会議で「なんとか床をふかない

で済まないかな？」となり，他の保育者から，「いつもぬらす場所が決まっているなら，マットを敷いてはどうですか？」という意見が出ました。早速実行してみると床を拭く時間も量も減ってずいぶん楽になってきました。気がつくと，あまり床をぬらすことについてＩちゃんに注意しなくなりました。２，３週間すると床をぬらす行動がまったくなくなっていました。

　このエピソードでは，先生が床をふくことの肉体的負担を軽くすることにより，Ｉちゃんの行動への先生からの「こだわり」が少なくなり，その行動に注意しなくなりました。そうするとＩちゃんの困った行動は自然と消えていきました。つまり困った行動に周囲が困り感を感じたり，注意したりすることが，その困った行動を強めることもあります。「困った行動」を「困った行動」にしない環境調整の工夫は重要です。

　困った行動へのアプローチのポイントとして，行動を問題視して止めさせようとするのではなく，行動の原因や気持ちを考えて環境を調整したり，好きなことを活用して気持ちの切り替えを促したりする工夫が重要です。エピソード４−８のようにマットを敷くことや，エピソード４−６のように好きな音楽を聴くなどを参考に考えてみましょう。

②　大人になった時を想像しよう

　子どもたちは成長すると同時に，できることも増えてきたりしますが，周囲の対応や環境によっては，状態が悪くなることもあります。今はまだ就学前の幼い子どもたちですが，学童期，青年期，成人期を迎えどのようになるのか想像することも大切です。そのためには，機会をつくって成人した方の施設などを訪問し，例えば20年後の姿が想像できるようにすることが大切です。

　幼児期・学童期の目標の一つとして，「大人になって，極力落ち着いて暮らしていくための力と環境をつくること」が考えられるのではないでしょうか。また障害のない子どもたちにおいても，より自分が暮らしやすい環境と方法を身に付けていくための取り組みが必要です。

　そのためには，保育者は青年期・成人期になった人たちの様子をぜひ知ってほしいと思います。この人のようになるためには（ならないためには），幼児期にどのような視点で付き合っていく必要があるのかを考えることです。

③　その子に合ったコミュニケーション方法を探す

　表出言語だけがコミュニケーション方法ではありません。表出言語がなければ言語理解ができないと考えがちですが，そうではありません。たとえ言葉にできなくてもその子の「気持ち」がありますから，叩いたり，パニックを起こしたりして気持ちを伝えなくてもよいように，社会的に受け入れられる方法を考えていきましょう。視覚的な理解が得意であることから，カードや視覚教材を使うことは，有効な部分もありますが，使いすぎると逆にこだわりや強迫的な気持ちが強くなることがありますから，注意が必要です。

④　自己コントロールの力と方法を考える

　自閉スペクトラム症の子どもたちは，様々な苦手なことや特徴があります。しかしそれらをすべてなくすことは無理な時も多くあります。そんな生きづらい世界でも，自分の気持ちが理解され大切にされているという実感は重要です。エピソードにあるように，信頼関係のある人たちに囲まれた温かい雰囲気は，子どもたちの自己肯定感を高めます。自己コントロール力は，そのような環境が整い自己肯定感を基盤としてこそ育っていくものではないでしょうか。

2　注意欠如・多動症のある子どもの理解と援助

（1）注意欠如・多動症のある子どもの理解

1）注意欠如・多動症の定義

　注意欠如・多動症（Attention-Deficit / Hyperactivity Disorder：ADHD）は，日常生活や学習，就業などにおいて影響を及ぼすほどの不注意，多動性-衝動性，あるいはいずれかの症状の存在によって定義され，小児期にその特徴が明らかとなる神経発達障害*5の一つです。

*5　神経発達障害
　DSM-5で新たに示された各種の精神障害・発達障害の総称。

　日本では，文部科学省が，ADHDを注意欠陥多動性障害と訳し，「年齢あるいは発達に不釣り合いな注意力，又は衝動性・多動性を特徴とする障害であり，社会的な活動や学校生活を営む上で著しい困難を示す状態である。通常7歳以前に現れ*6，その状態が継続するものであるとされている」として定義されてきました[3]。しかし，近年の医学的な定義の改定を受け，本書では，DSM-5（アメリカ精神医学会による精神疾患の診断マニュアル）の「注意欠如・多動症」という定義および基準を用いることとします。

*6　文部科学省の定義では，7歳以前に現れるとされているが，最新の診断基準（DSM-5）では12歳以前に引き上げられた。

　表4-3に，DSM-5による診断基準を参考とした注意欠如・多動症の特徴をまとめました。DSM-5では他にも，これらの機能または発達を妨げとなっている不注意，多動性-衝動性の特徴が6か月以上持続していること，12歳以前から現れていたこと，家庭や学校，職場などの2つ以上の場所でその症状が現れること，それらの症状が明らかに日常生活上の困難やその質を低下させていること，他の精神疾患ではうまく説明できないことなどが明記されています。

2）注意欠如・多動症の原因

　注意欠如・多動症の症状には，自分の注意や行動をコントロールする脳の働き（実行機能*7）の偏りが関係していると考えられています。また，その特性は遺伝的要因と環境要因とが相互的に関与して形成されるため，養育態度や家庭環境など後天的なものではなく，先天的な脳の機能障害であると考えられていますが，詳しい原因はまだわかっていません。

*7　実行機能[4]
　前頭前野の機能不全によって傷害される神経心理学的機能として概念化されている。ある目的を達成するために，計画的に行動を組み立て，衝動的な行動を抑制しつつ順序だてて活動し，それを達成する過程に関与する一連の神経心理学的機能を含んでいる。

表4−3	注意欠如・多動症の特徴（DSM-5の診断基準を参考）

基本的特徴
・機能また発達を妨げるほどの，不注意または多動性-衝動性の持続的な様式

不注意
・不注意な間違いをする
・注意を持続させることが難しい
・話を聞いていないように見える
・課題をやり遂げることが難しい
・順序立てて課題や活動を行うことが難しい
・気が散りやすい
・忘れ物や，物をなくすことが多い

多動性・衝動性
・椅子の上でそわそわ動いたり，手足を動かしたりする
・座っていられずに席を離れる
・じっとしていられずに走り回ったり，高い所へ登ったりする
・しゃべりすぎる
・質問が終わる前に答える
・順番を待つことが難しい
・会話やゲームなどで割り込んだり，邪魔したりする

3）注意欠如・多動症のある子どもの実態と必要な配慮

　表4−3で示したように，注意欠如・多動症のある子どもは，落ち着きがなくじっとしていられない，物音などの刺激に反応して注意がそがれやすい，会話や遊びに割って入る，忘れ物やなくし物が多い，片付けが苦手など，自分の行動をコントロールしたり周りの状況を把握したりすることに苦手さがあります。日々の保育の中で，気になる場面があった場合にその子どもの様子をよく観察し状態像を把握することが，早期の気づきにつながります。では，よく観察するとはどのようなことなのか，J君の観察の記録を見てみましょう。

エピソード4−9　J くんの観察記録（1）
J君：常に体のどこかがそわそわと動いていて，保育者が話をしている際にも，教室の中を立ち歩く。椅子に座っていることができていても，足をバタバタとさせていたり，片足だけ椅子の上にのせたり，正座をしたりと頻繁に座り直す。

　上記のJ君の観察の記録を読んで，みなさんはどう感じたでしょうか。この記録だけを見るとJ君は「落ち着きのない子」ですが，J君の状態像を把握するには，もう少しくわしく観察する必要があります。例えば，周りの状況は理解できているのか，情報の整理が難しいのか，どんなものに興味が移り変わりやすいのか，立ち歩く直前に何か刺激になるものや変化があったか，同じ姿勢を続けることが難しいのか，無意識に動かしているのかなどです。このような

視点で観察してみると，次のような観察の記録になります。

エピソード4-10　Jくんの観察記録（2）

J君：常に体のどこかがそわそわと動いていて，保育者が話をしている際にも，教室の中を立ち歩く。保育者のクラス全体への問いかけに挙手して答えており，話の内容は聞いているようだ。廊下を誰か通ると気になり立ち歩くことが多い。
椅子に座っていることができていたとしても，同じ姿勢を続けることが難しいのか，足をパタパタとさせていたり，片足だけ椅子の上にのせたり，正座をしたりと頻繁に座り直す。

このように，より具体的なJ君の状態像を把握することができました。J君は，動きたい衝動をコントロールすることが苦手で，刺激があると動いてしまうようです。運動や感覚の発達[*8]のつまずきにより，姿勢の保持に苦手さがあることも考えられます。ずっと活動に参加することが求められる場面では，じっとしていられず，保育者や他の子どもに注意をされることが積み重なると，やる気や自己評価が下がってしまうこともあります。援助の方法としては，少しずつ活動への参加時間を延ばす，興味の持てる活動を行う，短時間でも参加できたらほめる，などがあります。また，刺激が入りにくい環境整備を行うことも必要です。棚に目隠しをする，窓にはカーテンをする，教室の前の掲示は必要最小限にする，刺激の多い窓側や通路側は避けるなど座席の位置への配慮を行う場合もあります。座席については，席を他の子どもの動きが見えにくいように保育者の目の前にすることもあれば，他の子どもをモデルにしやすいような位置にすることもあります。

椅子に座って足をパタパタとさせている子どもは，やめるように注意すると，やめることにエネルギーを使ってしまい，肝心な保育者の話が聞けないことがあります。動いていることで集中していることもあるのです。立ち歩かない時間はあるか，座り直すタイミングはどんなときかなど，観察のポイントは状況によって様々です。じっとしていられない，待てないなど，できないことのみを観察するのではなく，どんなときにできないのか，どのようにすればできるのかという視点が大切です。目に見える行動そのものだけではなく，周りの環境や，行動の背景を考えることが適切な状態像の把握につながります。

■（2）注意欠如・多動症のある子どもへの援助の方法

1）注意欠如・多動症のある子どもの援助の基本

注意欠如・多動症のある子どもへの援助は，それぞれの認知特性[*9]を把握した対応と，二次的に生じる自己評価の低下[*10]を防ぐことが基本となります。エピソード4-11から，基本的な援助のあり方を考えてみましょう。

＊8　感覚の発達
「感覚」には，視覚や聴覚などの他に，固有覚，前庭感覚と呼ばれるものがある。運動したり姿勢を保持したりする際に必要な感覚のことで，身体の様々な部分の動きや，目の動き，バランスなどに関係している。発達障害などの障害のある子どもの場合，このような感覚運動機能に困難が生じる場合がある。

＊9　認知特性
人は，それぞれ認知の仕方に差があり，バランスよく活用している場合もあれば，得意不得意の差が大きい場合がある。その特性は，目で見た方が理解しやすい，耳で聞いた方が理解しやすいなど様々である。

＊10　ADHDやLDなどの発達障害は，知的発達に遅れがないために，その特徴が周囲から理解されにくく，不適切な対応が生じる可能性がある。不適切な対応が積み重なると，否定的な自己イメージを持ちやすくなり，その結果，情緒の不安定や反抗的な行動など二次的に不適応の状態を招くことがある。

　保育者の言葉掛け

　　保育者が「そろそろ給食の準備の時間ですね。お絵かきの時間はおしまいにしましょう。クレヨンをロッカーに片付けて，画用紙を先生のところに持ってきた人から，手を洗いにいきましょう」と呼び掛けました。
　　子どもたちはそれぞれ片付けを始めています。するとK君は，真っ先に手を洗いに行きました。手を洗って教室に戻ると，友だちから「片付けが終わってないよ！」，「何でもう手を洗ってるの！」と注意されてしまいました。

　このような状況で，保育者はK君の行動をどう感じたでしょうか。保育者からみれば，急に外にとび出していってしまった困った子どもに見えたかもしれません。一方のK君は，友だちから注意されてどう感じたでしょうか。「ちゃんと言われた通りに手を洗ったのに」という気持ちだったかもしれません。

　では，どのような援助を行うとよいのでしょうか。まずは，「今から話をするよ」等と注意を向けさせてから話し始めます。次に，注目を向けることができているか確認します。そして，一度にたくさんの情報を伝えずに，一つずつ伝えます。事前に，活動の流れや，何時に片付けを始めるのか，片付けの順番を前に示しておくのもよいでしょう。

　注意欠如・多動症のある子どもたちは，うっかりミスや，落ち着きがないために叱られたりすることが少なくありません。失敗体験や叱られた経験は，自己評価の低さにつながりやすくなります。二次的に生じる自己評価の低下を予防するためには，幼児期からの体験が重要です。集団の中で認められる経験や，ほめられる体験，自分が誰かの役に立ったという実感が持てるような体験を積み重ねることができるような援助が大切です。

2）注意欠如・多動症のある子どもの援助の実際

　注意欠如・多動症のある子どもの，具体的な援助方法を見てみましょう。

①　問題が起こる状況や設定をよく観察し，事前に対応する

　どのような状態のときに，何がきっかけで，どのような問題行動が起こるのか，本人の特性や困り感を含めて事前に観察することで，子どもの状態像を適切に把握します。その上で，必要な環境を整えることが必要です。落とすと割れてしまうものや危険なもの，後片付けに手間がかかるものなどは，子どもの手の届かないところに置く，急に飛び出すのを防ぐためにドアは閉めた状態にしておくなど，「だめ」と注意せずに済む事前の対応が必要です。

②　事前にルールや見通しを示す

　計画的に行動を組み立てたり，自分の行動をコントロールしつつ順序立てて活動したりすることが苦手な注意欠如・多動症のある子どもにとって，いつ何をするのか，どのようにするかなど見通しが持てるように事前に伝えておくことはとても重要です。課題や活動の順序や，方法，ルールなどをわかりやすく

伝えるには，言葉による指示だけでなく，黒板に掲示したり，絵やイラストを使って示したりするとよいでしょう。また，ただじっと待つだけの時間はとても苦痛です。注意欠如・多動症のある子どもでなくてもそれは同じです。ただ苦痛を感じながら我慢するだけの時間にするのではなく，何のために，どれくらい，終わったらどんなことが待っているのか，見通しが持てるようにするだけでも，子どもたちの不安や嫌悪感は和らぎます。教室を頻繁に立ち歩くような行動がみられる場合，動いてもよい場面をつくることも大切です。お手伝いという名目で何かしらの役割を与えるのもよいでしょう。「○○君だけずるい！」という意見がでてくる可能性もあるので，ペアでお手伝いをするなど，他の子どもたちにも役割を与えることも必要です。

③　課題をスモールステップにする

無理なく一歩ずつ進めていくことをスモールステップによる学習といいます。最初から高いハードルでチャレンジさせたり，次のハードルを急に高くしたりすると失敗が多くなります。そして，失敗が続くとやる気や自信が失われてしまいます。スモールステップとは，ただ量を減らしたり，活動を細切れにしたりすることではありません。毎回のチャレンジが成功で終わるように支援を進めることが必要で，それは自己評価の向上にもつながります。

④　指示は短く，簡潔に，繰り返す

エピソード4－11のように，いくつもの情報を一度に指示するのではなく，指示は，「短く，簡潔に，繰り返す」ことが大切です。クレヨンをロッカーに片付ける，画用紙を先生のところに持っていく，手を洗う，という作業を一度に伝えるのではなく，一つの指示が理解できたかを確認して次の指示を簡潔に与えます。また，指示はただ繰り返すのではなく，本人のわかる言葉で，言い換えながら伝えることも必要です。こちらに注意が向いているのか確認してから伝えるなど，子どもが集中しやすい環境をつくることも大切です。

⑤　よい行動に注目して具体的にほめる（肯定的注目）

みなさんは，「ほめる」と聞いてどんな言葉を思い浮かべるでしょうか。ほめるというのは，「すごい」，「上手だね」などの言葉で示すだけではありません。例えば，料理を作ったとき，「おいしい」，「上手だね」と言われたらもちろんうれしいですが，「塩加減がいいね！」「がんばって作ってくれたんだね」，「私の好きなおかずだ。ありがとう！」，「どうやって作ったの？」と言われたらどうでしょう。「また作りたいな」と思うのではないでしょうか。「すごい」など，言葉だけでなく，具体的にほめること，認めること，感謝すること，笑顔を返すことなど，増やしたいと思う行動に肯定的な注目を与えると，より頻繁にその行動をするようになります。また，例えば座っていないときに，「座りなさい」というより，座っているときに「上手に座れているね」，「背中が

ピッとなっていてかっこいいね！」と肯定的な注目を与えるという方法があります。さらに，ほめる機会を意図的に作ることも重要です。一つの課題や作業を「10個できたら先生に報告して」というより，5個できたら報告し，それを2回繰り返すとどうでしょう。子どもにとってはほめられる機会が増えることとなり，集中力の維持にも効果的です。

3）注意欠如・多動症のある子どもの援助の留意点

注意欠如・多動症の診断基準のような行動にかかわらず，子どもたちの「気になる」行動の背景には，神経発達上の問題以外にも，様々な理由が考えられます。何かしらの原因によって気持ちが不安定になっているときに，そわそわと落ち着かなかったり，遊びに集中できなかったり，他の子どもを叩いてしまったりするかもしれません。また，虐待や不適切な養育を受けた子どもたちにおいても，同様の状態を示すことがあります。保育者は，子どもの様子だけでなく，環境を丁寧に把握し，一つひとつの子どもたちの行動に対して，多角的にいろいろな可能性を考えることも重要です。

3　学習障害のある子どもの理解と援助

（1）学習障害のある子どもの理解

1）学習障害の定義

学習障害（LD）の定義は，教育と医療ではその捉え方が違うため，教育的定義である「Learning Disability」と医学的定義である「Learning Disorder」との2つがあります。日本では，文部科学省やDSM-5（アメリカ精神医学会による精神疾患の診断マニュアル）が発表したものがよく使用されています。2つの定義を見てみましょう。

文部科学省では，次のように定義しています。

・基本的には全般的な知的発達に遅れはない
・聞く，話す，読む，書く，計算する又は推論する能力のうち特定のものの習得と使用に著しい困難を示す様々な状態を指す
・原因として，中枢神経系に何らかの機能不全があると推定される
・視覚障害，聴覚障害，知的障害，情緒障害などの障害や，環境的な要因が直接の原因となるものではない。

DSM-5では，「限局性学習症／限局性学習障害（Specific Learning Disorder）」として次のように定義しています。

> （1）不的確または速度が遅く，努力を要する読字
> （2）読んでいるものの意味を理解することの困難さ
> （3）綴字の困難さ
> （4）書字表出の困難さ
> （5）数字の概念，数値，または計算を習得することの困難さ
> （6）数学的推論の困難さ

　また，DSM-5 では，年齢相応の学力が顕著に低いこと，学業や職業，日常生活に支障があること，学習困難は学齢期に始まること，他の障害や環境的な要因では説明できないことなども示されています。また，言葉の遅れや，数を数えること，書字に必要とされる微細運動技能[*11] の困難などの兆候が，学校教育が開始される前の幼児期でもみられることが明記されています。

＊11　微細運動技能
微細運動とは，はさみを使う，折り紙の端と端を合わせる，ビーズを紐に通すなど，手や指を使った細かい動作を必要とする運動のことを指す。

2）学習障害の原因

　学習障害の原因は，中枢神経系[*12] に何らかの要因による機能障害があるものと推定されていますが，中枢神経系のどの部分にどのような機能障害があるかについては，十分に明らかにされていません。保育者は，不適切な教育的指導や環境，学習意欲の欠如や好き嫌いなど，心理的・環境的要因が原因ではないということを理解しておく必要があります。

＊12　中枢神経系
中枢神経系は，脳と脊髄からなる。

3）学習障害のある子どもの実態と必要な配慮

　幼児期においては，文字の読み書きや計算が未学習の場合でも，製作活動や視覚的空間的な認知（視空間認知[*13]）の発達が求められる課題において困難を示す場合があります。学習障害のある子どもにとって，学習（Learning）することに難しさがあるという点で，教育でも医療でも支援を必要としているという基本的な姿勢は変わりありません。定義の違いがあることをふまえつつ，子どもが抱えている苦手さの背景を理解し，支援していくことが大切です。

＊13　視空間認知
目から入る視覚情報を処理し，空間の全体的イメージをつかむ機能のこと。ぬり絵の際に枠からはみ出す，距離感がつかめずボールをキャッチすることが苦手などがある。

■（2）学習障害のある子どもへの援助の方法

エピソード4－12　多様な子どもの状態像

　Lちゃん（年中）は，先生の方を見て話をしっかりと聞いていますが，「待っててね」を「立っててね」と聞き間違えたり，2つ以上の指示を出すと順番がわからなくなったりすることがよくあり，保育者は，話の内容がなんとなく伝わりにくいと感じています。また，家での出来事などを話そうとしてくれるのですが，うまくまとめて説明することが苦手なようです。
　M君（年長）は，お散歩の時間に，他の子どもとよくぶつかったり，前の子どもから離れすぎてしまったり，うまく並べずに列からはみ出して先生に注意されることがよくあります。工作の時間には，はさみの使い方がぎこちなく，折り紙の端と端を合わせることが苦手です。

　聞き間違えや指示理解の困難さの背景には，音韻意識[*14]や，ワーキングメモリ[*15]の弱さが影響していることがあります。列にうまく並べない，折り紙の苦手さなどの背景には空間認知の弱さ，はさみがうまく使えない原因には不器用さ，まとめて話すことが苦手，語彙が少ないなどの背景には，言葉の発達の遅れが影響していることが考えられます。

　しかし，保育場面での子どもの示す状態像の特徴は個人差が大きく，また，言葉の遅れや不器用さなどの特徴は知的発達症，自閉スペクトラム症，注意欠如・多動症などの子どもにも幼児期には多くみられます。したがって，障害のあるなしにかかわらず，保育場面で困っていることは何か，どのような特徴があるのかを観察し，その背景を考えながら，自信を持たせるような言葉掛けや対応をすることが重要です。

＊14　音韻意識

　音韻は耳から入ってきた音のイメージを指す（小池・雲井，2013）。「たいこ」の「い」を取ると「たこ」になるなど，音韻を操作する力を音韻意識と言う。

＊15　ワーキングメモリ

　脳の中に短期的に情報を保持しながら，情報を処理し操作するシステム。

✳ 演習課題 ✳

❶　自閉スペクトラム症の様々な特徴をあげ，それぞれの特徴に対してどのような保育の対応が望ましいか，まとめてみましょう。

❷　エピソード4－9の観察記録を読んだ際，どのように感じたでしょうか。そのときの気持ちをグループで共有してみましょう。

❸　エピソード4－12を読み，Lちゃんの指示理解や，Mくんの不器用さへの手立てについて，どのような支援の方法が考えられるか話し合ってみましょう。

コラム

一緒に空を見る　　　　　　　　　　　　【保育所での実習】

　N君（5歳）は，自閉スペクトラム症の診断を受けていました。O君は，活動中にいきなり保育室を飛び出して，雨の中，園庭に出て行きました。そして，滑り台の上に登って，ずっと空を見ていました。私も保育室を飛び出して，N君を追いかけて，一緒に空を見ました。すると，雨雲の隙間から太陽の光が差し始めていて，それがとてもきれいでした。N君は園で一番高い滑り台の上からそれを見ていたのだと気づきました。

　何も言わずN君と一緒に空を見て，他の子どもたちが給食の準備を始めたので「N君，給食食べよう！」と声を掛けたら，手をつないで教室に戻りました。

　その日から，朝や自由遊びの時に，「N君！」と名前を呼んで声を掛けると，抱きついてくれたり，手をにぎってくれたりするようになりました。　　　　【学生W．S．】

（出典）小竹利夫：実習エピソードでつづる 子どもや障碍がある人の心の世界，川島書店，2016

■**引用文献**■

1) Kanner, L, 1943, "Autistic Disturbances of Affective Contact", *Nervous Child*, 2：217-250

2) 厚生労働省 web サイト（http://www.e-healthnet.mhlw.go.jp/information/heart/k-03-005.html），生活習慣病予防のための健康情報サイト「e-ヘルスネット」，「自閉症について」，2020 年 1 月 30 日閲覧

3) 文部科学省 web サイト（http://www.mext.go.jp/a_menu/shotou/tokubetu/material/1340250.htm）：教育支援資料（10　注意欠陥多動性障害），2020 年 1 月 30 日閲覧

4) 内山登紀夫：子ども・大人の発達障害診療ハンドブック，中山書店，2018，p.233

■**参考文献**■

・友田明美：子どもの脳を傷つける親たち，NHK 出版，2017
・小橋拓真：障がい児保育，中山書店，2019
・尾崎康子・三宅篤子：知っておきたい発達障害の療育，ミネルヴァ書房，2016
・前田泰弘：実践に生かす障害児保育，萌文書林，2016
・杉山登志郎：子ども虐待という第四の発達障害　学研，2007
・尾崎康子他：よくわかる障害児保育，ミネルヴァ書房，2010
・日本精神神経学会 高橋三郎・大野裕（監訳）：DSM-5 精神疾患の診断・統計マニュアル，医学書院，2014
・小池敏英・雲井未歓："遊び活用型"読み書き支援プログラム，図書文化社，2013
・文部科学省 web サイト（http://www.mext.go.jp/a_menu/Shotou/tokubetu/material/1340250.htm）：教育支援資料（9 学習障害），2020 年 1 月 30 日閲覧

第5章

重症心身障害のある子ども，医療的ケアを必要とする子どもの理解と援助

1 重症心身障害のある子どもの理解と援助

■（1）重症心身障害のある子どもの理解

1）重症心身障害の定義

　重症心身障害のある子どもを初めて担当したB先生のエピソードから見てみましょう。

エピソード5－1　　動きや反応のほとんどみられないAちゃん

　Aちゃん（6歳）は両手足に重いマヒ（四肢マヒ）があり，体幹のコントロールも難しい状態です。また，首がすわっておらず※，寝た姿勢が多く，独力では座ったり立ったりできません。食事や排泄，衣服の着脱等のADL※は全面介助が必要です。また，毎日，てんかん発作※がみられます。保育士1年目のB先生（児童発達支援）はAちゃんに話しかけたり，玩具を手に持たせて遊ばせようとしますが，Aちゃんからは反応がほとんどみられません。そのため，B先生はどう関わったらよいのか困ってしまいました。

※首がすわるとは，乳児が自分で頭を自由に動かせる状態を指す。多くの場合3～4か月に首がすわる。
※ ADL（Activities of Daily Living）：日常生活に必要な基本的な動作（日常生活動作）。
※てんかん発作：慢性の脳の病気のため発作が繰り返し起こるもので，人によって発作の症状は様々である[1]。
　WHO（世界保健機関）による国際的に認められた定義は「様々な原因で起きる慢性脳疾患で，その特徴は，脳内ニューロンの過度な放電に由来する反復性の発作であり，多種多様な臨床および検査所見を随伴する」である。重症心身障害のある子どものてんかんの合併率は高く，点頭てんかん（ウエスト症候群）やレノックス・ガストー症候群といった難治性である場合が多い。

　Aちゃんのように重度の知的障害と重度の肢体不自由が重複している状態像を重症心身障害と言います。大島分類（図5－1）の1～4に該当します（IQは35以下，運動機能は座位までに制限されている状態）。子どもと大人を併せて全国に約4万3,000人います[2]。

21	22	23	24	25
20	13	14	15	16
19	12	7	8	9
18	11	6	3	4
17	10	5	2	1

走れる　歩ける　歩行障害　座れる　寝たきり

図5－1　　大島分類

（出典）大島一良：重症心身障害の基本的問題，公衆衛生，35，1971，pp.648-655

2）重症心身障害の原因[3]

　重症心身障害の原因は様々で，「低酸素または仮死等の分娩異常（21.54%）」「特殊型，その他の出生前原因（13.66%）」「髄膜炎，脳炎後遺症（8.74%）」「てんかん後遺症（6.50%）」「低出生体重児（6.40%）」「染色体異常症（5.04%）」「原

因，発生時期とも不明（3.78％）」「脳外傷後遺症（3.26％）」「その他の外因によるもの（2.91％）」「原発性小頭症（2.49％）」です。

3）重症心身障害のある子どもの実態と必要な配慮

重症心身障害のある子どもたちの保育・教育の場は，児童発達支援[*1]や医療型障害児入所施設が一般的です。保育者はそこで理学療法士（PT），作業療法士（OT），看護師等，様々な職種と連携しながら保育・教育をします。個々によって障害の状態は様々ですが，主な状態像と必要な配慮は次のとおりです。

①　姿勢・運動の状態像と配慮

臥位姿勢が多く，座位や立位が困難であったり，手や足を思うように動かせなかったりします。脳性マヒを基礎疾患とすることが多く，原始反射[*2]の残存や筋緊張障害[*3]がみられたり，筋緊張障害等の二次障害として脊柱（背骨）が横方向に変形する側彎や股関節脱臼[*4]，胸郭の変形，上・下肢の拘縮変形[*5]が起ったりします。褥瘡・側彎の予防，呼吸運動や血液循環等の基礎的身体機能の維持・促進のため，体位交換が大切です。骨折への注意も必要です。

②　健康の状態像と配慮

体温調節がうまくできなかったり肺炎や気管支炎になりやすかったりします。室温・衣服での調整が大切です。てんかんの子どもが多く（60～70％）[4]，また，医療的ケア児も多くいます[5]。以上は，病弱や身体虚弱の子どもが多いと言うことであり，体温測定を始め毎日の健康状態をチェックすると共に，健康の保持・増進に努めることが大切です。

③　食事等の日常生活動作の状態像と配慮

日常生活動作全般に介助が必要です。食事は刻み食やペースト食，流動食の形態も少なくありません。誤嚥に注意が必要です。経口摂取（口から食事を取ること）が困難で経管栄養[*6]の子どもも多くいます。子どもが不快に思う関わりをする場合（例えば，歯磨きを嫌がる重症心身障害のある子どもに歯磨きをする場合），予告後なるべく短時間で実行する配慮が大切でしょう。

④　コミュニケーションの状態像

言語理解や言語による意思表出に乏しい状態です。コミュニケーション発達では聞き手効果や意図的伝達段階[*7]が多く，前者に留まる子どももいます。

⑤　周囲への働きかけの状態像と配慮

周囲に働きかける行動に乏しかったり，働きかけても反応が返ってこなかったりすることが少なくありません。このようなとき，反応を引き出そうと，強い刺激を繰り返す，刺激を与えるテンポを早くする等の関わりがみられる場合がありますが，周囲に対して自らを閉ざして一層反応を起こし難くしてしまうことがありますので，注意が必要です。

＊1　児童発達支援
　未就学の障害のある子どもを指導・支援するための通所施設。児童発達支援センター（福祉型・医療型）と児童発達支援事業がある。

＊2　原始反射
　新生児では大脳皮質が未成熟で吸啜反射やモロー反射等，様々な反射がみられる。大脳皮質の成熟に伴って原始反射は消失し，随意的な運動ができるようになってくる。各原始反射の消失時期を過ぎても残っている場合は脳性マヒ等の障害が疑われる。

＊3　筋緊張障害
　筋の緊張が極端に高くまたは低くなる異常。

＊4　股関節脱臼
　股関節は足の付け根にある大腿骨上端の球形の部分（大腿骨頭）とそれを受ける骨盤の丸い窪み（臼蓋）から成り立つ。股関節脱臼は，大腿骨頭が臼蓋にうまくはまらない脱臼の状態。

＊5　拘縮変形
　関節の動きが制限された状態。

＊6　経管栄養
　胃や腸にチューブを挿入して栄養剤を注入し栄養状態の維持や改善を行う方法。

■（2）重症心身障害のある子どもへの援助の方法

1）重症心身障害のある子どもに対する基本となる捉え方

　重症心身障害のある子どもに対し，意思表出が微弱，応答や自発行動がみられない等「否定的な捉え方」をしてしまうかもしれません。しかし，「否定的な捉え方からは，適切なかかわりは生まれてこない[6]」でしょう。一人ひとりを丁寧に観察すると，好きな音楽が鳴ると目を動かす，嫌いな歯磨きをされると嫌そうな表情をする，好物のにおいに口を動かす等，何らかの自発する動きやできることを見出せます。「一人一人の子どもが今何を感じ取り，どのような動きを示しているかという捉え方を常に心がける[6]」ことが大切です。

エピソード5－2　食べたい時は口を動かし，嫌な時は動かさないC君

　座位保持装置※に座っている盲を併せもつC君（7歳）に，D先生（特別支援学校）が昼食のトマト煮（ペースト食）を数口食べさせた後の場面です。D先生はスプーンに盛ったトマト煮をC君の口元に運び「食べますか」と聞きます。先程までと違い，C君は口を動かしません。そこで，D先生はバナナをC君の口元に近づけて「バナナだよ」と言ってすり潰します（臭いを嗅がせて打診します）。C君の口が動きだします。D先生は「バナナが食べたいんだね」と言ってC君の口にバナナを運びます。C君はパクパクと食べます。

※座位保持装置：障害により座位がとれない人が座位姿勢を保てるように支える装置。

　D先生は自分のペースで一方的にC君に食べさせていません。C君に食べ物の臭いを嗅がせて食べるか否か打診したり，次の食べ物が何なのか予告しながら昼食を進めます。D先生は，C君はトマト煮の臭いを感じ取って口の動きを止め，バナナの臭いを感じ取って口を動かしているという見方をしています。そして，前者からはトマト煮を食べるのを終りするという「ノー」の意思を，後者からはバナナを食べるという「イエス」の意思を読み取ります。その結果として，トマト煮を止めてバナナに変更しました。こうして，C君の意思が尊重される昼食が実現しています。このように，一人ひとりの重症心身障害のある子どもがその時々に何を感じ取り，どのような動きを示しているのかという捉え方を通して，保育者は適切な援助ができると言えるでしょう。

2）重症心身障害のある子どもの保育・教育を通して目指されていること

　松田は「a．健康を保持・増進すること」「b．基本的な感覚・運動機能を高めること」「c．日常生活の基本動作を高めること」「d．生活経験を豊かにすること」「e．コミュニケーションを広げること」をあげています[7]。以下では，dとeの援助の方法を中心に学びましょう。

＊7　ベイツら（1975）は，伝達意図の有無の観点から，1歳代までの前言語期コミュニケーション発達を3段階に分けた。聞き手効果段階（誕生～生後10か月）は，子どもの快・不快の情動の表出に伝達の意図があるものとして大人が反応することでコミュニケーションが成立する段階。意図的伝達段階（生後10～12か月）は，子どもが要求の実現や人の注意を引くために身振り，発声，視線など非言語的なシグナルを使う段階。命題伝達段階（1歳～1歳4か月）は，子どもが言葉で伝達を始める段階。

3）生活経験を豊かにする援助の方法

① 楽しめる活動や集中して取り組める活動を大切にする

エピソード5－3　医療的ケア児が好む遊びを大切にする

　盲を伴うE君（6歳・男児）は人工呼吸器※と気管切開※部の管理，痰の吸引※，経管栄養等が必要な医療的ケア児です。明確な応答は観察されず，自発する動きは目や口，頭等の微弱なものでした。

　F先生（特別支援学校）はE君が好む活動を探り，活動の中心にしました。間もなく，F先生が，E君が好んでいる（と思われる）歌を歌ったり，関心を持った（と思われる）曲を流したりすると，E君からポジティブな印象のする瞬き（瞼を「パチパチ」させる動き）がみられるようになりました。その度，F先生はE君の瞼の周辺に手で軽くタッチして「お目で教えてくれたね」とやさしく声かけします。

※人工呼吸器：自発呼吸が困難な場合に人工的に肺に空気を送り込む機器。
※気管切開：気管とその上部の皮膚を切開してその部分から気管に管（気管カニューレ）を挿入して気道確保し，呼吸を助けること。気管切開部の管理とは，カニューレの日常的管理（ガーゼ・固定ひもの交換）や気管切開部の炎症や出血，肉芽の有無や程度の観察を行い，衛生を保つことを言う。
※痰の吸引：吸引電動吸引器等の吸引チューブを鼻や口，気管切開孔から注入して，溜まった痰を取り出すこと。

　遊びは重症心身障害のある子どもにとっても大切です。表5－1のような遊びがあります。

　エピソード5－3のE君から感じ取れるのは，音楽に対して「楽しんでいる」あるいは「集中している」といった姿です。重症心身障害のある子どもにとって，ポジティブな姿が観察できる豊かな遊びの活動になっていることが大切です。

表5－1　遊びの種類

運動的な遊び	抱いて揺らす，トランポリンに乗せて揺らす，滑り台を滑らせる等
音楽・リズム的な遊び	歌や音楽を聞かせる，楽器を触らせ音を出させる等
種々の素材に対する触覚的な遊び	水，絵の具，のり，紙，粘土等を用いた遊び
玩具を使う遊び	ガラガラ，起き上がりこぼし，風船，シャボン玉，積み木等
映像を使う遊び	絵本，紙芝居，影絵，パネルシアター，映画，テレビ等

（出典）松田直：重症心身障害児の指導と教育．小児看護．15（10），1992，pp.1393-1394

② 生活の能動性（主体性）を育む

　生活の多くの場面で受け身の状態に置かれがちですが，生活の能動性を育むような活動も大切にされる必要があるでしょう。

エピソード5－4　「自力で取り組める」状況を設定する

　Gさんは玩具等が呈示されてもぼんやりとした眼差しで，手を出してくることもなく，他動的につかませると全身に強い筋緊張が入り嫌がりました。そのようなこともあってか，家庭や学校から「物に働きかけない人」とずっと思われていました。そのため，Gさんに対しては，歌や話等を大人が聞かせる関わりになりがちでした。

　15歳のある日，Gさんが，弟たちがドミノ倒しをする様子を見ていたことを母親が教えてくれました。そこで，H先生（特別支援学校）は，Gさん（背臥位）から観察されていた上肢の動き（上肢を体側から床上を滑らせるようにして上げる動き）に着目し，床のその動きの経路上にドミノ倒しの駒を並べて，Gさんの手の動きが起こるまで待ちました。すると，Gさんはドミノ倒しの駒を倒しました。その後，活発に取り組むようになりました。

　エピソード5－4は，能動的に物に働きかける動きの促進のために，「興味・関心の持てる教材」「取り組みやすい姿勢・身体部位（本人のやり方）」「本人のペース」「安心感」等に配慮した「自力で取り組める状況設定[8]」が大切であることを示しているでしょう。このとき，本人の「できること」や「自発する動き」に着目することを重視します。そして，「自力で取り組める状況設定」を通して，Gさんに自発していた手の動きが一層活発化したり目的的な動きになったりするよう援助しているのです。

4）コミュニケーションを広げる援助の方法―意思表出のために―

① 子どもの動きを丁寧に観察する・子どもの様子から意思を丁寧に読み取る

エピソード5－5　視線の動きを観察し，Iさんの意思を読み取る

　背臥位のIさん（顔は左向き）が床に置かれたペットボトルを左手で倒す活動を数回した後の場面です。学生J（特別支援教育を専攻する大学生）は，ペットボトルを無造作に床に立てます。これまでと違いIさんは左手をすぐには動かしません（静止状態）。学生Jは，Iさんは飽きてしまったのだと思いペットボトルを片付けようとします。そのときIさんの母親が「見ています」と言います。学生Jは待つことにします。やがて，Iさんは反転し，頭と肩を軸に身体を仰け反らせ足で床を押して時計回りして，右手でペットボトルを倒しました。

　Iさんが動きを止めたとき（下線部），視線はペットボトルへじっと向けられていました。お母さんはその視線からペットボトル倒しを継続するIさんの意思を読み取りました。他方の学生Jは，Iさんの視線を見落とし，片付けようとしました。静止状態（下線部）は，ペットボトルが離れた所に置かれ，左手では倒せない状況でどうしたら倒せるのかIさんが考えるのに必要な間であったのでしょう。本エピソードは，重症心身障害のある子どもの意思を適切に読み取って対応するためには，視線や表情，動作や姿勢等の小さな動きも見落とさない観察が大切であることを示しているでしょう。

②　わかるように伝える

エピソード5-6　畳の一部を切り取った物で行先（畳の部屋）を伝える

　K先生（特別支援学校）は全盲のL君（10歳・男児，周辺重症※）に教室から畳の部屋への移動を伝える手段として畳の一部を切り取った物（縦5cm×横5cm×高さ1cm）を用いて伝えるようにしました。すると，これまでみられた移動の滞りが解消しました。

※周辺重症児：大島分類（p.73，図5-1）の5〜9群を指す。

*8　VOCA
第2章 p.26 参照。

*9　AAC
第2章 p.26 参照。

　言葉では，意図がうまく伝わらないことがあります。具体物やその一部，身振り，写真，絵，文字，VOCA*8等といった，子ども一人ひとりに応じたAAC*9の手段を探ってわかるよう伝えます（その際，言語理解の育ち等を考慮して音声を添えることが大切です）。また，「教材を見せて誘う」「実演して見せて意向を打診する」「選択肢を出してどちらがよいか尋ねる」等して活動に誘ったり，見通しが持てるよう丁寧に予告したりすることも大切です。

③　既有の動きを意思表出の手段として定着させる・新たな意志表出の手段を獲得させる

エピソード5-7　視線や手伸ばしが意思表出手段として定着する

　Mちゃん（4歳・女児）の母親は，Mちゃんの視線や発声，手伸ばし等からMちゃんの意思を読み取ってMちゃんの意思に沿う対応を大切にして育児してきました。13歳になったMちゃんは，飲食等の要求を視線や発声，手伸ばし等で活発に伝えます。

　Mちゃんの視線や発声，手伸ばしは，もともとMちゃんに自発していた動きであり，コミュニケーション手段として，あえて作ったものではありません。それらの動きから，Mちゃんの意思を丁寧に読み取って応答するという援助を継続していく中で，Mちゃんの意思表出の手段として定着したと言えます。また，これとは別に，重症心身障害のある子どもにおいて新たに身振り動作や写真・絵カードの等を手段として形成するような援助も大切になるでしょう。

2　医療的ケアを必要とする子どもの理解と援助

■（1）医療的ケアを必要とする子どもの理解

1）医療的ケアの定義
　Nちゃん（5歳）の例から見てみましょう。

| エピソード5-8 | お絵かきとままごとが大好きなNちゃん |

　友だちとままごと遊びをしたりお絵描きしたりするのが大好きなNちゃん。Nちゃんは首の正面を切開して穴を開けて（気管切開），気管に管状の医療器具（気管カニューレ※）を差し込んでいます。痰が溜まるたび，Nちゃんの母親は，首の穴（気管切開孔）から痰の吸引のためのチューブを入れて痰を吸い取ります。Nちゃんは気管切開部の管理と痰の吸引が必要な他は，身の回りのことはほぼ一人でできます。

※気管カニューレ：気管切開の時に挿入する短い管のことを言う。気管切開を行った後に気道を確保するために使用する。

　Nちゃんが毎日の生活を送る上で気管切開部の衛生管理と痰の吸引は欠かすことのできない医療的行為です。母親は医師の指導の下，これらを毎日行っています。こうした家庭や学校等で保護者や看護師等により日常的に行われている経管栄養，痰の吸引，導尿[*10]等の医療的行為を医療的ケアと言います[*11]。

2）「医療的ケア児」とは

　日常的に医療的ケアを必要とする子どもを「医療的ケア児」と言います。児童福祉法（第56条の6第2項）では，「人工呼吸器を装着している障害児その他の日常生活を営むために医療を要する状態にある障害児」と定義しています。

3）「医療的ケア児」の実態

①　「医療的ケア児」の増加

　現在，医療技術等の進歩を背景に，「医療的ケア児」が増加しています。0〜19歳の医療的ケア児は，2016（平成28）年度に約1万8,000人と推計され，2005（平成17）年度（約1万人）と比べ，約1.8倍です[9]。また，2016（平成28）年度の公立特別支援学校に在籍する医療的ケア児は8,218人，公立小中学校は858人（内訳は通常の学級271人，特別支援学級587人）います[10]。以上から，未就学の医療的ケア児も多数いることが推測されます。

②　保育所・幼稚園等の受け入れ体制の整備に関わる課題

　現在，保育所等では対応する看護師等の配置が十分にできず，安全性の問題から，入園を断られる，あるいは入園できても保護者の付き添いが求められるという状況が生じています。保育を必要とする状況があっても子どもを預けることができず，また，子どもを預けるためには付き添いのために仕事ができなくなるという苦しい立場に立たされる保護者がいるという現状があります[11]。また，「医療的ケア児」が子ども集団の中で育つ機会が保障されないという観点からも問題があるといえます。そのため，看護師配置の問題の改善は重要な課題となっています。2016（平成28）年に児童福祉法が改正され，「医療的ケア児」の存在が明文化されると共に「医療的ケア児」への支援が自治体の努力義務とされました。今後，その対策の推進が求められています。

＊10　導尿
　第2章 p.22 参照。

＊11　医療的ケアは，医師，看護師，保護者・本人等の家族以外はできない行為であったが，2012（平成24）年度より，看護師等の免許を有しない者も，痰の吸引等の5つの特定行為（口腔内の喀痰吸引，鼻腔内の喀痰吸引，気管カニューレ内の喀痰吸引，胃ろうまたは腸ろうによる経管栄養，経鼻経管栄養）については，研修を終了し都道府県知事に認定された場合には，認定特定行為業務従事者として一定条件下で実施できるようになった。

③　「医療的ケア児」の状態像

状態像は一人ひとりで違います。エピソード5－8のNちゃんのように知的障害も肢体不自由もない子どももいます。前節のエピソード5－3のE君のように重症心身障害の子どももいます。また，気管切開している子どもの中にも声が出る子どもや口から食事ができる子どももいる等，同じ医療的ケアを必要とする子どもであっても状態像は様々です。

■（2）「医療的ケア児」への援助の方法

1）健康について

「医療的ケア児」の中には，病気になりやすかったり，医療器具を新たにするために入院したりする等，通園等が不安定になる子どももいます。毎日の体調等をはじめ，家庭としっかりと情報共有しながら進める必要があります。また，家庭および主治医等と連携して，様々な活動について参加できる種類や程度等の確認をしておくことが大切です。

2）安全について

一人ひとりの留意事項をふまえる必要があります。例えば，気管切開している子どもの場合，切開している喉（のど）に手や足がぶつからないことや，プールに入った時に水が入らないよう注意すること等に留意する必要があるでしょう。このような留意事項は保育者だけではなく，園の子どもたちも知っておくことが大切になる場合があるでしょうし，子どもたちの保護者への説明も大切になるでしょう。さらに，保育場面で医療的ケアを主に実施する看護師に保育者がどのように関わるのかも検討しておき，職員間でのヒヤリ・ハット*12の報告と活用のための取り組みに関する園内体制を構築することが大切になります。

＊12　ヒヤリ・ハット
重大な事故1件に対して，軽微な事故は29件，事故には至らない「ヒヤリ」としたり「ハッ」とした事象は300件あると言われている（ハインリッヒの法則）。「ヒヤリ・ハット」とは，事故に至らなかった，そして誰もが起こす可能性のある小さなミスである「ヒヤリ」「ハッと」を分析し予防策をとることで，事故を未然に防ぐという考え方のことを指す[12]。

❋ 演習課題 ❋

❶　エピソード5－1のAちゃんに対して，どのような保育をすることが，Aちゃんの生活経験を豊かにすることにつながるでしょうか，話し合ってみましょう。

❷　医療的ケア児が在籍する園でヒヤリ・ハットの取り組みを実施することにはどのような意義があるでしょうか，考えてみましょう。

小さな変化に感動　【児童発達支援センターでの実習】

　実習に行く前は，障害がある子どもとどう関わったらよいのかわからず不安がありました。しかし，実際に関わってみるとみんなとてもかわいらしく，不安を感じていた自分が恥ずかしくなりました。

　私の実習したクラスは，肢体不自由のある子どもたちのクラスでした。子どもたちに声をかけても反応は乏しく，言葉が返ってくることはありませんでした。

　最初のうちは，毎日同じことの繰り返しで，私や先生方の一方的な関わりだと思っていました。しかし，何日も関わっていくうちに，私の考えは間違っていると感じました。子どもたちは，私たちの声掛けに対して手や足で反応したり，動かすものを目で追ったりしました。歩行の練習では，少しの距離ですが進める距離が伸びました。

　私が勝手に毎日同じだと思い込んでいただけで，本当は毎日変化していました。大きく目立つ変化ではないけれど，少しずつ成長する姿を見ることができ，私はとてもうれしく，感動しました。

【学生Ｓ．Ｙ．】

（出典）小竹利夫：実習エピソードでつづる　子どもや障碍がある人の心の世界，川島書店，2016

■引用文献■

1）山田真：はじめてであう小児科の本　改訂第二版，福音館書店，1992，p.236
2）厚生労働省：障害児支援について，2015，p.15
3）岡田喜篤（監修）：新版　重症心身障害療育マニュアル，医歯薬出版，p.34
4）栗原まな：小児リハビリテーション医学第2版，医歯薬出版，2015，p.247
5）平成28年度厚生労働科学研究費補助金障害者政策総合研究事業「医療的ケア児に対する実態調査と医療・福祉・保健・教育等の連携に関する研究」の中間報告（研究代表者：田村正徳），2016，p.25
6）松田直：重症心身障害児の指導と教育，小児看護，15（10），1992，p.1390
7）松田直：前掲書6），p.1389
8）村上大樹・芳野正昭：重度・重複障碍を持つ生徒に対する外界の物への働きかけの活発化を目指した教育的係わり合い―係わり手の先入見の明確化と自力で取り組める状況設定の重要性―，佐賀大学教育実践研究，第22号，2006，p.25
9）厚生労働省：医療的ケアが必要な子どもへの支援の充実に向けて，2018
10）文部科学省，平成29年度特別支援学校等における医療的ケアに関する調査，2017
11）深澤友紀：障害者と共生する（2）障害児のケア　母親だけに背負わせるな　親が働けない／友達に触発されて「やってみよう」，AERA，2016，10月24日号，pp.30-31
12）吉濱優子：肢体不自由養護学校におけるヒヤリ・ハット取組，肢体不自由教育，181，2007，p.58

■参考文献■

・高泉喜昭：コミュニケーション支援，八代博子（編著）：写真でわかる重症心身障害児（者）のケア，インターメディカ，2015
・岩根章夫：「わかる」・「できる」からコミュニケーションのチャンスを作る工夫，コミュニケーション障害学，29（1），2012
・松田直：障害が重い子どもとのコミュニケーションのあり方―機器の利用の前に，肢体不自由教育，135，1991

第 6 章

その他の特別な配慮を要する子どもの理解と援助

1 児童虐待を受けた子どもの理解と援助

（1）児童虐待を受けた子どもの理解

1）児童虐待の定義

2000（平成12）年に「児童虐待の防止等に関する法律」（以下，児童虐待防止法）が制定され，「児童虐待」を保護者がその監護する児童について行う以下の4つの行為と定義しています。

　・身体的虐待：児童の身体に暴行を加えること
　・性的虐待：児童にわいせつな行為をする，またはさせること
　・ネグレクト：児童の心身の正常な発達を妨げる著しい減食，長時間の放置
　・心理的虐待：児童への著しい暴言または拒絶的な対応，配偶者への暴力

2）児童虐待の現状

厚生労働省「平成30年度児童相談所での児童虐待相談対応件数」によると，平成30年度に全国の児童相談所が対応した児童虐待の相談件数は15万9,850件（速報値）で，28年連続で増加しています。身体的虐待4万256件（25.2%），ネグレクト2万9,474件（18.4%），性的虐待1,731件（1.1%），心理的虐待8万8,389件（55.3%）です。児童虐待防止法の制定に伴い，虐待への関心が高まり，通告の義務の認知が広まったことで虐待の報告が増えたと考えられます。

3）児童虐待の原因

児童虐待の原因は，貧困等経済的な理由，保護者の障害や病気，夫婦間の不和，その他様々なものがあります。また，子どもに障害や病気があり，「育てにくい」「どのように接していいのかわからない」と悩んでいる保護者は，それだけ虐待のリスク要因は高くなります。

4）児童虐待を受けた子どもの実態と必要な配慮

人に対する基本的信頼感を育てる大切な乳幼児期に，親（養育者）から十分な愛情を受けることができなかった子どもは，人との信頼関係を築くことが困難になる場合があります。子どもが成長していく過程で，誰か信頼できる特定の大人との間に築くアタッチメント（愛着）＊1の形成は大変重要になります。

虐待を受けている子どもは，「自分が悪いことをしたから，たたかれた」「自分がよい子になれば大丈夫だ」などと思い込み，その結果「自分は価値がない

＊1　アタッチメント
　乳幼児期に形成される愛着（情緒的な深い結びつき）を指す。親をはじめとした特定の親密な養育者と乳幼児の間でアタッチメントが形成されることにより，乳幼児の安心感や信頼感が構築される。

人間だ」と自己否定的になることがあります。そのような子どもには，「あなたは悪くない」ということを丁寧に伝えながら，自分を大切に思える気持ちを育てる対応が必要になります。特に，子どもに障害がある場合は，なぜ怒られているのか，なぜ叩かれるのかわからず，怖い思い，嫌な思いだけが残り，人との関わりが拒否的になってしまうことがあります。

■（2）児童虐待を受けた子どもへの援助の方法

1）子どもへの支援

まず保育者は，日常的な関わりの中で安心安全な場の提供を行い，子どもの気持ちを受け止めることを通して人に対する基本的信頼感をつくり直すことが重要です。次のエピソードは，児童養護施設で実習した学生が書いたものです。

エピソード6−1　存在を受け入れる[1]　　　　　　　【児童養護施設での実習】

　寝る時間になり子どもたちの背中をトントンしているときに，Aちゃん（10歳・女児）が「あたしって生きていていいのかな？ みんなあたしのこといじめるし，守ってくれる人いないし，死んだ方が楽だよ」と泣きながら話してきました。なぜここに来たのか自分でも理由は知っていると聞かされていたので，Aちゃんの口から実際に「死にたい」という言葉を聞き，私は胸がとても痛みました。

　その夜はたくさん泣きました。何て言葉を掛けてよいのかわからず，ただ抱きしめることしかできませんでした。どうして自分の子どもを虐待するのか私には全然わかりませんでした。子どもたちは親からひどいことをされてもやっぱり親のことが大好きだということを知り，何ともいえない気持ちになりました。

　眠る前に「あたしが生きていてもいいと思っている？」と聞いてきたとき，「当たり前でしょ。あたしはAちゃんのこと大好きだから」と言ってあげると，「よかった」と言いながら安心した様子で眠りました。

　この出来事があり，改めてここにいる子どもたちの苦しみを考えるようになりました。

【学生S．A．】

　学生がAちゃんのつらい気持ちを受け止め，存在を認めてあげたことで，Aちゃんは人とのつながりを実感し，自分の存在に対してささやかな自信を取り戻すことができたのではないでしょうか。人はつらく苦しい状況にあっても，味方になってくれる人がいると，その人を支えにして立ち直れることがあります。子どもがつらく苦しい状況にあるときこそ，保育者は子どもの気持ちに寄り添い，味方となって応援することが求められます。

2）保護者支援

　子どもの最善の利益という観点から，虐待は絶対に行ってはいけない行為です。しかし，家族再構築のためには，保育者はそうした不適切な育児を責めたり，否定したりするのではなく，まずは，保護者の悩みを受け止め，寄り添うように支援することが必要です。虐待を行う保護者がすべて無責任で投げやり

な子育てをしているわけではありません。むしろ真剣に子育てのことを考えすぎて，わからなくなり，育児放棄につながるケースもあります。初めて子育てをし，密室の中で誰にも相談できずに孤立し，子育てに自信が持てなくなることもあります。また，虐待を受けてきた子どもが親になり，自分の子どもを虐待する，虐待の世代間連鎖が見受けられることもあります。保育者が，保護者の気持ちや悩みを受け止め，共感して耳を傾けるなど，丁寧に接することにより，子どもを虐待する保護者が保育者から子どもへの対応を学びながら，安定した心理状態で子育てを行えるように支援することが大切になります。

また，保育者は，保護者の弱い部分にのみ焦点を当てて支援を行うのではなく，保護者が本来持っている強さに視点をおくストレングス*2や保護者自身の自立に向けて支援を行うエンパワメント*3の考えなども大切です。

3）関係機関との連携

虐待には早期発見・早期対応が求められます。日常生活の中で子どもや保護者と関わる機会が多い保育者は，その変化に気づくことができる存在なのです。子どもへの虐待が疑われた時，保育者が一人で抱え込むことがないように各保育所や幼稚園，認定こども園全体で情報の共有を図ることが大切です。

また，子どもへの虐待が疑われた時，保育者には福祉事務所や児童相談所に通告する義務があります（「児童虐待法」第6条）。そのような深刻な事態に至る前に，保育者は普段から保護者と子育ての悩みや喜びを共有し，いつでも相談できる信頼関係を築いておくことが重要となるでしょう。

2004（平成16）年の児童福祉法改正により，主に市町村に要保護児童対策地域協議会（子どもを守るネットワーク）を設置できるとされ，2008（平成20）年の児童福祉法改正では，努力義務化されました。設置目的は，被虐待児などの要保護児童の早期発見や適切な保護を図るために，関係機関が当該児童等に関する情報や考え方を共有し，適切な連携のもとで対応していくことです。

2　貧困家庭の子どもの理解と援助

（1）貧困家庭の子どもの理解

1）貧困家庭の定義

貧困には「絶対的貧困」と「相対的貧困」があります。絶対的貧困は，食べる物がなかったり，ボロボロの服を着ていたり，人間として最低限の生活に必要な衣食住の確保が難しいものを指します。相対的貧困は，貧困ライン*4に満たないものを意味します。日本では相対的貧困が多いと言われています。

「平成28年国民生活基礎調査」（厚生労働省）では，全世帯委員における相対

＊2　ストレングス
支援の対象者が自ら解決する力や強みのこと。本人のもつ能力だけでなく，取り巻く環境もストレングスになり得る。

＊3　エンパワメント
人が本来持っている，内に秘めた力を引き出せるように支援を行うこと。対象者を保護すべき対象として扱うのではなく，本人のストレングスに目を向けながら，自己決定・自己解決していける力を身に付けるための支援をしていくことが，生活の質の向上につながっていく。

＊4　貧困ライン
全人口の等価可処分所得（世帯の可処分所得を世帯人員の平方根で割って調整した所得）の中央値の半分にあたる。可処分所得とは，年収から税金や社会保険料を差し引いた手取り収入を指す。平成28年国民生活基礎調査を基準にすれば，等価可処分所得の中央値が245万円であるため，1人世帯では245万円×$\sqrt{1}$の半分である122.5万円，2人世帯では245万円×$\sqrt{2}$の半分である約173万円，4人世帯では245万円×$\sqrt{4}$の半分である245万円が貧困ラインとなる。所得がこのライン以下の世帯では，社会で多くの人が享受している標準的な生活を送ることが難しくなる。

的貧困率（貧困ラインに満たない世帯員の割合）は，2015（平成27）年には15.6％となっています。子どもの相対的貧困率は13.9％で，7人に1人の子どもが貧困状態にあります。OECD（経済協力開発機構）によると，日本の子どもの相対的貧困率はOECD加盟国34か国中10番目に高く，OECD平均である13.3を上回っています（2014年）。子どもがいる現役世帯のうち大人が1人の世帯の相対的貧困率はOECD加盟国中最も高い結果になっています。これらのことから，特にひとり親家庭が経済的に困窮している実態がうかがえます。

　2013（平成25）年に「子どもの貧困対策の推進に関する法律」が成立し，翌年には「子供の貧困対策に関する大綱」が閣議決定されました。子どもの貧困対策は，教育・生活・就労・経済的支援等の施策を，子どもの将来がその生まれ育った環境によって左右されることのない社会を実現することを旨として講ずることにより，推進されなければならないという理念が述べられています。

2）貧困家庭の子どもの実態と必要な配慮

　相対的貧困はわかりにくい貧困と言われています。忘れ物が多かったり，洗濯が行われていなかったりしていても，外食している様子を見かけたり，普通乗用車に乗っていたりと，困っていることがわかりにくい場合があります。

エピソード6-2　貧困家庭の保護者との関わり

　忘れ物が多く，忙しそうな親を保育者は「だらしのない親」と思いながら様子をみていました。忘れ物について確認をすると，母親から「ギリギリの生活をしているため準備する物がすぐには買えない」と相談を受けました。だらしのない親なのではなく，父親の収入が急激に減り生活水準が低くなってしまったことが原因だとわかりました。

　保育者はできるだけ親の話を聞くようにして，信頼関係を築くように努めました。また，持ち物の準備ができない時は事前に話をしてもらって，保育所で貸し出すことにしました。母親は，忙しい時でも保育者と話をしていくようになり，子どもの状況が把握できるようになりました。

　エピソード6-2のように，保育者は保護者に対して，「きちんとしていない親」「だらしのない親」と思い，あの家庭だから仕方がないと考えてしまうことがあります。実際には，保護者に時間的にも経済的にも精神的にも余裕がない場合があり，そのような状態であれば，子どもも余裕がない生活をしています。寝る時間も起きる時間も遅いというように生活習慣が乱れている，クリスマスプレゼントをもらったことがない，習い事に通えない，旅行に行ったことがないなど生活が安定せず，様々な経験が乏しくなります。保護者は子どものために様々な経験をさせられない状況であることが多いのです。保育者は，普段から子どもの様子を丁寧に観察するとともに保護者の話を聞くように努め，家庭のニーズを把握することが求められます。そして，保育場面で子どもが充実した生活を送れるような環境をつくることが大切になります。

（2）貧困家庭の子どもへの援助の方法

子どもの家庭が貧困状況にあっても，保護者の自尊心を傷つけないよう慎重な援助が必要です。保育者からの援助が一方的にならないように，困った時に保護者が保育者に相談できるような信頼関係を普段から築いておきましょう。

具体的な援助としては，衣服を貸し出す，給食を多めによそう，体を清潔にするといった援助が考えられますが，他の親子に気づかれないように援助する配慮が必要です。また，子どもの家庭の情報が他の保護者に知られないように，個人情報の保護には細心の注意が必要です。

最近では，貧困家庭に対して子ども食堂[*5]や学習支援等の支援活動が行われる地域も増えてきました。保育者も他機関や多職種と連携を取りながら，各家庭のニーズを把握し，地域での施策を伝えることも大切な役割になります。

3 外国人の家庭の子どもの理解と援助

（1）外国人の家庭の子どもの理解

現代は「多文化共生社会[*6]」と言われています。日本で暮らす外国人の数は増加を続けており，2018（平成30）年の法務省「在留外国人統計」（同年12月調査）では273万人を超えました。さらに，2019（平成31）年4月，日本の労働力不足を補うために外国人労働者の受け入れを拡大する改正出入国管理法が施行され，在留外国人の増加はますます進むと考えられます。当然のことながら，在留外国人の増加は，外国人の家庭の子どもの増加を意味します[*7]。ここで言う外国人の家庭の子どもとは，国籍にかかわらず，両親または親のどちらか一方が外国出身者である子どものことです[*8]。

それでは，そのような外国人の家庭の子どもたちの保育・教育をめぐる状況は，どうなっているのでしょうか。文部科学省によって，小学校以上の子どもについては就学状況や不就学の場合の理由まで調査が行われ，また，日本語指導の必要な子どもについては，隔年で全国調査が実施されており，その実態が明らかになっている[*9]のに対し，乳幼児に関しては保育所・幼稚園等への在籍実態も十分に明らかになっていないのが現状です。

外国人の家庭の子どもを受け入れている保育所・幼稚園等では様々な苦労をしながら子どもたちの発達・成長への取り組みが行われ，外国人の家庭の子どもであるがゆえの困難さも抱えながらの保育・教育となっています。具体的には，言葉の問題（子どもに伝える困難さ，子どもの思いを理解する困難さ，保護者との関係づくりでの壁等），宗教を含む文化の違いからの問題（例えば宗教により食べられないものがある等），生活環境の変化に対応する配慮の問題など多岐に

＊5　子ども食堂
子ども食堂では，主として地域の子どもやその保護者に対して，無料でまたは安く食事を提供している。食事以外に，学習支援やレクリエーションなどの活動を提供したり，高齢者など地域住民に対して開かれていたりする食堂もある。

＊6　多文化共生社会
総務省・多文化共生の推進に関する研究会が「国籍や民族などの異なる人々が，互いの文化的違いを認め合い，対等な関係を築こうとしながら，地域社会の構成員として共に生きていくこと」と定義している。

＊7　法務省「在留外国人統計」（2018年12月調査）では，0〜5歳の幼児が10万6,523人，6〜17歳の児童・生徒が16万5,550人になっている。

＊8　「外国にルーツのある子ども」という表現も使われている。この場合，日本国籍の帰国生（帰国子女）も含まれている。

＊9　就学状況については「外国人の子どもの就学・不就学状況等に関する調査」（平成21年度実施），日本語指導に関しては「日本語指導が必要な児童生徒の受入状況等に関する調査」が隔年に実施されている。

わたりますが，特に言葉の部分での支援は，保育者も子どももどちらにとって
も関係づくりや保育・教育の展開のためにも大きな課題となっています。

■（2）外国人の家庭の子どもへの援助の方法

外国人家庭への保育・教育の支援の方法は，どうあればよいのでしょうか。

エピソード6－3　「絵での会話」[2]　　　　　　　　　　【幼稚園での実習】

B君（5歳・男児）はフィリピンから来たばかりで，言葉があまり通じず，先生方は身振り
手振りで伝えていました。B君も一生懸命伝えようとしていましたが，理解するのに時間かか
かってしまいました。

B君は絵を描くことが好きなので，よく絵を描いて見せに来てくれました。その中には昨日
の話であったり，今日の天気であったり，絵を通して表現して
いました。私はその絵を見て「昨日歯医者に行ったの？　先生
に診てもらったんだね」とか，雨が降って傘をさしている絵の
時は「雨降っているね！　今日の天気描いたの？」などと話し
ました。すると，B君は「うん，うん」と笑顔でうなずいてい
ました。言葉で話すのは難しくても，絵を使って表現してもら
うことで会話することができました。　　　　【学生M．K．】

言葉の問題は，子どもの気持ち・思いを理解したり，保育者の指示や気持ち
を届けたりする上でとても重要な働きをします。このエピソードからもわかる
ように，いろいろなやり取り・伝達の工夫や対話の工夫が行われています。笑
顔で声掛けをしたり手をつないだり，しっかりと子どもに向き合ったり，絵や
イラストを介したり，感情の絵カードを作って気持ちを受け止めたりといった
やり取りの工夫が大切です。外国人の家庭の子どもであっても，日本人の家庭
の子どもであっても，そして障害のある子どもであっても，保育の基本は同じ
です。保育者が子どもの気持ちを受け止めることを通して，子どもが安心感を
持って生活できるようになることが基本です。保育者が子どもの心にじっくり
と寄り添うことで，子どもの自己肯定感を育てることが何よりも大切です。

外国の家庭の子どもを受け入れることには難しさもありますが，多文化共生
社会を目指す現代にあっては，相互の文化を理解し合うチャンスでもありま
す。保育の中で，互いの国の言葉や衣装・食べ物などを通して相互の関係を深
めていく取り組みが一方で求められています。

最後に，保育所・幼稚園等の保育現場の努力だけでなく，国や自治体のさら
なる取り組み[*10]も求められています。例えば，言葉への支援を広げるため，
小学校以上では取り組みが進んでいる通訳ボランティア派遣制度の拡充は，子
どもへの支援ばかりでなく保護者支援にもつながり，充実が求められていま
す。また外国人保育者の活用や育成も今後の課題[3]となると考えられます。

＊10　総務省「地域に
おける多文化共生推進プ
ラン」（平成18年）に
おける「幼児教育制度の
周知および多文化対応」
で，「保育所とも連携し
ながら，情報提供に努め
るとともに，言語，習慣
面での配慮を行い，外国
人の子どもの幼児教育に
取り組むこと」と自治体
へ要請している。今後，
さらなる取り組みの具体
化が求められている。

4　気になる子どもの理解と援助

（1）気になる子どもとは

　保育所や幼稚園等で「気になる子ども」という用語がよく使われます。しかし，この用語の決まった定義はありません。障害等の診断を受けていないけれども，指示が通らない・理解できていない，いつも一人で遊んでいて友だちの輪に入ろうとしない，年中児になっても園で母親と離れることができない，園で一言もしゃべらない等の様子から保育者が気になってしまう子どもたちを指す言葉です。一般に，気になる子どもはその要因から，①軽度の知的発達症の子ども，②発達障害が疑われる子ども，③母子分離不安[*11]や愛着障害等の家庭の（養育）環境に課題がある子ども，④緘黙やチック等の疾患の子どもに分けられるでしょう。以下では，特に心理的な原因が関係している④の子ども（情緒障害のある子ども）を中心に述べます。

（2）気になる子どもの理解

　最初に，知的発達症がないのに幼稚園で話ができないだけでなく，登園しなくなったCちゃんのエピソードから見てみましょう。

エピソード6-4　幼稚園で話ができないCちゃん

　Cちゃん（女児）は幼稚園の年少クラスに入園して半年が経ち，4歳になりました。その頃，登園しなくなりました。担任は母親と連絡をとり合っていましたが1か月経過しました。担任はCちゃんについて，園では話をまったくしなくても皆と一緒にお絵かきやお遊戯等ができ，指示も理解できるので，慣れるのに時間がかかっているだけだと思っていました。しかし，母親からは「家庭では普通に話をします。理由はわかりませんが急に登園を嫌がるようになりました」と聞き，今後どのように対応すればいいのか悩んでしまいました。

　Cちゃんは家庭で話ができるのに幼稚園では話をしないことが続くため，選択性緘黙の状態にあります。また，不登園（不登校[*12]）も併せ持っています。これらは情緒障害と捉えられます。Cちゃんは幼稚園で先生やお友だちと話したいと思っても話せず，なぜ話せないのかもわかりません。選択性緘黙については，家庭では話すのに，幼稚園や学校等話すことが求められる特定の場面や状況で話せない状態が続きます。発話だけではなく動作が抑制される，うなずきや素振りはする，音読はできる等，子どもにより多様な状態があります[4]。

　また，Cちゃんは不登園（不登校）になりました。Cちゃんが示すような選択性緘黙や不登園（不登校）等を含む情緒障害について，文部科学省では，「情緒の現れ方が偏っていたり，その現れ方が激しかったりする状態を，自分の意

＊11　母子分離不安

　子どもが母親と離れるときに不安を感じること。3歳以降になっても母親から離れることへの極度の恐怖，頭痛や腹痛等の身体症状等が現れる場合がある。原因には過保護や過干渉等の不適切な育児，転居や災害等による急激な環境の変化等が考えられる。母親とゆったりと生活をして情緒が安定してきたら，母親と一緒に登園し，徐々に母親と別れて過ごす時間を長くしていく無理のない働きかけが大切である。

＊12　不登校

　文部科学省による1998（平成10）年の学校基本調査で，不登校とは何らかの心理的，情緒的，身体的，社会的要因により登校しない，あるいはしたくともできない状態にあるため，年度間に連続または断続して30日以上欠席した者のうち，病気や経済的な理由による者を除いたものとされた。

志ではコントロールできないことが継続し，学校生活や社会生活に支障となる状態」[5]と定義しています。情緒障害の具体的な現れとして，①過食，偏食，異食[*13]，②不眠や不規則な睡眠，③夜尿や失禁，④チック[*14]，指しゃぶり，爪かみが続く神経性習癖[*15]，⑤引っ込み思案，⑥不登校（不登園），⑦情緒不安定，⑧選択性緘黙等，多岐にわたる状態をあげています[6]。

　また，情緒障害は，基本的には脳の障害とは無関係です。本人が不安を抱く状況にあるときに，周囲の諸要因が重なったり絡み合ったりして起きるようです。情緒障害の問題はＣちゃんが選択性緘黙と不登園を併せ持っているように，複合して現れることがほとんどです。また，年齢や周囲の状況によっても問題が異なります。情緒の現れ方において歪みが強く，周囲との相互作用によって不適応状態が続くため，社会生活を営むのに幅広い問題があります。

◤（3）気になる子どもへの援助

　情緒障害は，本人と周囲の状況との関係から生じるため，家庭や保育・教育の場における問題として捉えられます。まずは子どもの気持ちを周囲が受け止めて，保育所や幼稚園等が安心できる場になることが大事です。同時に，関係機関と様々な相談や支援ができるつながりをつくり，心理的安定，集団生活への参加や社会適応を目指して，本人と家族を支援します。これらは，前述した「軽度の知的発達症の子ども」「発達障害が疑われる子ども」「家庭の（養育）環境に課題がある子ども」などの保育においても重視されます。

✳ 演習課題 ✳

❶　虐待を受けている子どもとその保護者それぞれに対して，保育者としてどのように関わることができるか，考えてみましょう。

❷　相対的貧困状態そのものについて保育者から直接関与することは難しいですが，保育者として支えたり配慮したりできることはないか，考えてみましょう。

❸　言葉がうまく通じず精神的に不安定になっている外国人の家庭の子どもに対して，どのような関わりをしますか。具体的に3つ程度考えてみましょう。

❹　エピソード6－4のＣちゃんは，通園しなくなって1か月経過しました。担当する担任は母親と話し合って，幼稚園の外から園児が遊ぶ様子を見せることにしました。するとＣちゃんは母親に「すべり台で遊びたい」と言って園のすべり台で遊び始めました。それ以降，園では話をしなくても，皆と一緒に過ごしています。今後，担当する担任はＣちゃんと周りの子どもたち，他の担任に対してどのような働きかけをすればいいのでしょうか。話し合ってみましょう。

＊13　異食
　衣類，砂，髪等，食べ物とされていない物質を持続的に摂取する症状で，発達水準からみて不適切な行動。

＊14　チック
　本人の意思とは無関係に，突発的で不規則な身体の一部の速い動きや発声を繰り返すことが，一定期間続く障害。

＊15　神経性習癖
　指しゃぶりや爪かみ等の身体をいじる習癖，チック等の身体の動きを伴う習癖のような社会生活に支障をきたすような癖や行動。

コ　ラ　ム

人に愛された子どもは，人を愛することができる　【乳児院での実習】

　実習では最初に3歳児の部屋に入ったのですが，子どもたちは少し人見知りをしていました。保育所や幼稚園の子どもたちなら駆け寄って来たり，すごく明るい表情だったりしましたが，乳児院ではどこか違った感じでした。"抱っこして"とすごく甘えてくる子どもや自分の手を噛んで注目されようとしている子どもなど様々な表情をしている子どもがいました。

　子どもたちには担当の先生がいました。先生は，子どもたちのためにおもちゃを買ったり洋服を選んできたり，本当の親代わりになるような愛情を注いでいました。入浴をさせている時，先生に「たくさんの子どもたちを可愛がって下さいね。愛してやってくださいね」と言われました。「人に愛された子どもは，人を愛することができる」とも言っていました。

　乳児院にいる子は，母親がいなかったり，父親がいなかったり，両親がいなかったり，様々な理由で入っている子どもたちです。乳児院で暮らす子どもたちにとって，保育者から受ける愛情はその後の心の成長の糧になるということを，実習に行き教えられました。

【学生Y．Y．】

(出典) 小竹利夫：実習エピソードでつづる 子どもや障碍がある人の心の世界，川島書店，2016

■引用文献■
1）小竹利夫：実習エピソードでつづる 子どもや障碍がある人の心の世界，川島書店，2016，pp.127-128
2）小竹：前掲書1），p.99
3）大泉町多文化保育研究会編：「外国にルーツのある子どもの育ち〜保育者の方へ・言語習得編〜」リーフレット，2018
4）角田圭子：場面緘黙研究の概観―近年の概念と成因論，心理臨床学研究，28，2011，pp.811-821
5）文部科学省webサイト（http://www.mext.go.jp/a_menu/shotou/tokubetu/004/007.htm）：特別支援教育について（7）自閉症・情緒障害教育，2020年1月20日閲覧
6）文部科学省初等中等教育局特別支援教育課：教育支援資料〜障害のある子供の就学手続と早期からの一貫した支援の充実〜，2013，p.219

■参考文献■
・増沢高：虐待を受けた子どもの回復と育ちを支える援助，福村出版，2009
・全国社会福祉協議会 保育士会：保育士・保育教諭として，子どもの貧困問題を考える，2017
・総務省：多文化共生事例集〜多文化共生推進から10年　共に拓く地域の未来〜，2017

第7章

障害のある子ども等の保育・教育の実際

1 指導計画および個別の支援計画の作成

（1）指導計画（日案・週案・月案・年案）

　幼稚園や保育所，認定こども園には，その園の方針を定めた「教育課程」や「全体的な計画」があり，保育における計画について，幼稚園教育要領，保育所保育指針，幼保連携型認定こども園教育・保育要領にその重要性が示されています。

　指導計画は，保育者がそれぞれの園の「教育課程」や「全体的な計画」をもとに，子どもたちがその時期にふさわしい生活を展開し，よりよく成長するために必要な経験を得ることができるように，具体的なねらいや内容，環境の構成などの指導の順序や方法などについて，計画を立案するものです。

　指導計画には，年単位の指導計画・学期や月単位の指導計画などの長期の指導計画と，週単位の指導計画・1日の指導計画などの短期の指導計画があり，それぞれ，年案・月案・週案・日案等といいます。これらの指導計画の中で，最も重要なのが「子どもの姿」です。子どもたちの発達段階に応じた生活の姿について，興味や関心は何か，どんな遊びに取り組んでいるのか，自然や季節の変化，クラス集団の様子や人間関係などについて発達段階をふまえながら具体的に捉えて記します。この「子どもの姿」の中に，特別な配慮を必要とする子どもの様子や育ち，変化などについても含めます。

　そして，「子どもの姿」にそった具体的な「ねらい」を定め，それを達成するためには保育の中でどのような環境や経験の場を設定することが望ましいのか，どのような配慮や支援が必要なのか内容を考えます。「ねらい」の中には，子どもたちに経験してほしいことや身に付けてほしいことなど保育者の願いも含まれます。また，指導計画の基本的な項目には，時間や環境の構成，予想される子どもの姿，保育者の援助・配慮，評価などがあります。

（2）特別な配慮を必要とする子どもの指導計画

　障害のある子どもなど特別な配慮を必要とする子どもの保育の計画について，幼稚園教育要領および保育所保育指針ではそれぞれ以下のように示されており＊1，対象となる子どもやその保護者を適切に支援するために，個別の指

＊1　幼保連携型認定こども園教育・保育要領では，第1章第2の「3特別な配慮を必要とする園児への指導」において個別の教育および保育支援計画，個別の指導計画の作成について示されている。

> 　障害のある幼児などへの指導に当たっては，集団の中で生活することを通して全体的な発達を促していくことに配慮し，特別支援学校などの助言又は援助を活用しつつ，個々の幼児の障害の状態などに応じた指導内容や指導方法の工夫を組織的かつ計画的に行うものとする。また，家庭，地域及び医療や福祉，保健等の業務を行う関係機関との連携を図り，長期的な視点で幼児への教育的支援を行うために，個別の教育支援計画を作成し活用することに努めるとともに，個々の幼児の実態を的確に把握し，個別の指導計画を作成し活用することに努めるものとする。
>
> （幼稚園教育要領　第1章第5−1）
>
> 　障害のある子どもの保育については，一人一人の子どもの発達過程や障害の状態を把握し，適切な環境の下で，障害のある子どもが他の子どもとの生活を通して共に成長できるよう，指導計画の中に位置付けること。また，子どもの状況に応じた保育を実施する観点から，家庭や関係機関と連携した支援のための計画を個別に作成するなど適切な対応を図ること。
>
> （保育所保育指針　第1章3（2）キ）

導計画や支援計画を作成することが求められています。

　個別の指導計画とは，幼稚園，小学校，特別支援学校等の学校に在籍する，障害のある子ども一人ひとりに対して，指導目標や指導内容・方法を盛り込んだ指導計画です。

　幼稚園や保育所等では，障害のある子どもも障害のない子どもも一緒に育ち合うことを重視した統合保育[*2]が行われています。近年ではインクルーシブ保育という，様々な背景のある子どもたちがいることを前提とした一人ひとりの子どもの発達を保障する保育という考えが広がっています（第1章 p.13 参照）。そのため，実際の保育の場では，クラス全体の指導計画の中に障害のある子どもや特別な配慮を必要とする子どもに応じた計画が組み込まれていることも多く，指導計画の作成にあたっては，多様な子どもたちがいることを前提とした立案が求められています。

▶（3）個別の支援計画

1）個別の支援計画とは

　「個別の支援計画」は，地域で生活する障害のある子ども一人ひとりの支援を，生涯にわたり，保護者と教育，医療，保健，福祉，労働等の関係機関が連携し一貫して実施するための計画です。この個別の支援計画を，学校や教育委員会などの教育機関が中心になって作成する場合，「個別の教育支援計画」と呼びます。したがって，保育所や通園施設が中心になって作成する場合は「個別の支援計画」，幼稚園が中心となって作成する場合は「個別の教育支援計画」と呼ばれることになります[*3]。なお，個別の教育支援計画が1〜3年間程度の計画であるのに対して，先に述べた個別の指導計画は学期ごと，または，学年ごとに目標を立て，指導と評価を行います。

＊2　統合保育
　障害のある子どもとない子どもを，同じ場で保育する形態。幼児期からお互いが接することで理解を深め合うことを目的とする。インテグレーションとも呼ばれる。

＊3　文部科学省では，学習指導要領や幼稚園教育要領等において「個別の教育支援計画」の作成を明記しているが，保育所保育指針では「〜支援のための計画を個別に作成」と表現されているため，本書では両者の意味合いを含む便宜上「個別の支援計画」と表記する。

| 表7－1 | 文部科学省調査による支援計画の様式 |

区分		記載事項等
支援計画	基本的実態	○生育歴，医療歴，相談歴 ○家庭環境，保護者の思い ○教育歴（保育所・幼稚園等通級指導教室の活用等） ○諸検査の結果，所有している手帳等 ○医療機関（機関名，留意事項等） ○医療による診断（診断名）
	学校生活実態	○「健康・運動面」（病気，アレルギー，体力等），「学習・認知面」，「生活・行動面」ごとに実態を記載
	健康・運動面での配慮	○配慮事項を記載
	学級での目標，支援，評価	○「学習・認知面」および「生活・行動面」について，年間目標，学級での支援，目標・評価（学期ごとに記載）を記載

　文部科学省が行った，支援計画および指導計画の書式に関する調査では，表7－1のような結果でした。これらがすべて網羅されているわけではありませんが，個別の支援計画にはこのような内容が含まれています。

2）個別の支援計画の作成・評価・見直し

　個別の支援計画を作成する際，よく課題としてあげられるのが書式についてです。書式は，都道府県や市町村などの各自治体や，園独自の計画の書式を作成している場合など様々です。個別の支援計画は，作成して活用し，子どものためになるものであれば「この形で作らなければならない」というものはなく，継続しやすいものであることが大切です。個別の支援計画の書式例を見てみましょう（表7－2）。

①　基礎的な情報

　個別の支援計画の作成にあたっては，まず本人や保護者の基本的な情報を記入します。

②　主　訴

　個別の支援計画の作成において，最も重要なのが「主訴」です。何が困難なのか，何に困っているのか，何ができるようになりたいのか，何を応援してほしいのか，誰が困っているのかというような具体的な情報を記入します。

③　生育歴・家庭での様子・得意なこと・苦手なこと

　子どもがこれまでどんな環境の中で発達してきたのか，家庭での様子を記入します。その際，具体的な指導に結び付けるために，本人の好きなことや興味のあること，苦手なことやものについても記すことが大切です。

表7-2　個別の支援計画（例）

作成日：　　年　　月　　日　　　　作成者：

	ふりがな			性別		生年月日	
①基礎的な情報	本人氏名			男・女		年　月　日	
	保護者氏名		続柄（　　）	家族構成			
	住所	〒		連絡先①連絡先②			
	障害等の状況			手帳等			
②主訴	主訴（本人・保護者のニーズ）						
③生育歴	成育歴						
	家庭での様子						
	得意なこと						
	苦手なこと						
④支援の目標	支援の目標						

		支援機関　／　担当者　／　連絡先		支援内容　・　所見など	
⑤関係機関	在籍園				
	医療・療育機関等				
	保健・福祉				
	その他				

⑥評価	支援会議の記録	
	評価・引継ぎ事項	

④　支援の目標

　①～③の情報を総合的に捉えて，支援の目標を設定します。姿勢の改善，友だち関係，問題行動への対処，生活スキルの獲得，遊びの発展など支援計画で目標（ねらい）として扱われる課題は多様にあります。目標の設定については，子どもがあと少し頑張ったらできるものからはじめます。例えば今できているものの数や量を増やす，質を高めるなどです。次のステップは何かを細分化して考えることも必要です。目標を立てるためには，子どもの実態を把握する必要があり，そこで重視されるのが，日誌や連絡帳など普段の記録です。支援の

内容についても，いつ，どこで，だれが，どのような支援を行うのかを明確に記す必要があり，一人ひとりに合ったものであることが大事になります。

⑤　**関係機関**

どんな機関と関わりがあるのか等，他職種の役割や，地域のリソース*4 についての情報を収集します。子どもに関係する機関（医療・療育・保健・福祉・教育など）との積極的な連携や，過去・現在・未来へとつながる支援のために，保育現場での支援計画を作成することは将来の子どもの姿を思い描いたり，選択肢を広げたりすることができることにもつながります。

⑥　**評　価**

最後に，必ず，評価の欄を作成します。評価を行わなければ，指導の成果が不明確です。うまくいかなければ支援の方法を変更・改善しなければなりませんし，よい方向に変化しなければ，目標を変える必要があります。個人情報保護の観点から，園での管理や取扱いについては注意が必要ですが，作成した支援計画が，厳重にロッカーにしまわれてそのまま，ということになりかねません。定期的に見直しを図り，年度の途中であっても，変化したことや，できるようになったこと，もっとできるようになってほしいことなど，変更があった場合は随時，追加・修正していきます。

このような支援の方法を，PDCA サイクルといいます。Plan（計画を立てる），Do（計画を実行する），Check（評価する），Action（改善して次につなげる）を繰り返しながら，個別の支援計画を活用したり，定期的に見直したりすることが大切です。保育者自身の視点を変えるのにも効果的で，子どもの以前の姿を振り返って成長を感じることができたり，もっと注目してみるべき点などを再確認したり，新たな支援の方法を見出すチャンスにもなったりします。

2）個別の支援計画と指導計画

この個別の支援計画をもとに，指導計画を作成します。以下のような主訴・目標のある子どもを例に考えてみましょう。

主訴	・初めての場所や人に慣れるのに時間がかかる。
	・生活のパターンや，道順，いつもの手順，時間，物の配置などのささいな変化に抵抗を示す。
支援の目標	・活動に見通しを持って参加することができる。

個別の支援計画に記載した，「主訴」や「支援の目標」をふまえて，全体の指導計画の月案・週案・日案などの「子どもの姿」，「予想される子どもの姿」，「保育者の援助・配慮」などに組み込んでいきます。

その他にも，活動への見通しを持たせるために，日ごろから日課や予定を絵・写真・文字など視覚的な方法で示していれば，急な予定の変更の場合も子

*4　リソースとは，資産・資源のこと。この場合は，病院や療育センター，児童福祉施設，保健センター，社会福祉協議会，障害児向けの教室など，地域において障害のある子どもを支える要素のある社会資源を指す。

子どもの姿	ねらい	
・○○…	・○○…	
・何度も行った場所へは落ち着いて移動することができるが，道順や，時間などの変化には抵抗を示すことがある。	・自然に関心を持ち，見たり，触れたり，様々なことに気付いたりする。	
	内容	
	・○○…	
	・季節の変化を感じながら，外での活動を楽しむ。	

環境の構成	予想される子どもの姿	保育者の援助・配慮
・○○…	・○○…	・○○…
・園庭で「小さい秋」を探す	・戸外へ出ることを嫌がる	・無理強いをせず，子どもが活動に慣れるための時間をとる。
		・あらかじめ絵や写真などで「どこで」「何を探すのか」を示すことで，見通しをもって活動に参加できるようにする。

どもを混乱させずに伝えられることがあります。そして，このような支援方法は他の子どもたちにとっても有効であることが多くあります。

3）個別の支援計画をつなぐ

　個別の支援計画は，障害のある子どもや特別な支援を必要とする子どもたちへの適切な支援や指導を行うためのツールであり，子どもたちの支援や指導に関する関係機関との連携のツールでもあります。また，年少から年中になったとき等，園内で引き継ぐのは比較的容易ですが，他の園に転園したり，小学校に進学したりした際などにも引き継がれていくことが今後の課題です。

　保育所・幼稚園等から大学・就職先までの各段階において，障害のある子どもに対する必要な支援内容等が文書により適切に引き継がれ，適切な保存・管理や具体的な引き継ぎの方法の整備が進んでいくことが期待されます。

2　個々の発達を促す生活や遊びの環境

■（1）子どもとの関係づくり

　保育者はクラスの集団を相手に保育を行いますが，その前にまずは保育者と子どもとの1対1の関係構築がベースとなります。子どもは，安心・信頼できる保育者との個別的な関係を基盤とし，少しずつ他児との接点を増やして自分の世界を広げていきます。

　保育者は人的環境の主となる存在であり，安心・信頼できる保育者の存在は，子どもがクラスの中で落ち着いて過ごすことや，よりよい発達，友だち関係の広がり等，様々な影響を与えます。まずは保育者自身が，子どもの姿を

しっかりと捉えて理解しようとする，子どもとの1対1の信頼関係を構築することから始めましょう。障害のある子どももない子どもも同様です。クラスの中で落ち着ける・安心できる状況になって初めて，周りへの興味・関心や意欲がでてきます。そして，障害のある子どもも，適切な環境を設けることで日常生活に生じる困難さを軽減し，持っている能力を発揮し，伸ばすことができます。

■（2）一日の生活の流れと環境づくり

　次に，保育室での1日の生活の流れに沿って，個々の発達を促す生活や遊びの環境づくりについて説明します。幼稚園，保育所，認定こども園といった種別，あるいは個々の園で違いはありますが，大まかな一日の生活の流れは基本的に表7-3の通りです。

表7-3　一日の流れ
登園 → 身辺整理 → 好きな遊び → 朝の集まり → 主活動 → 昼食 → 好きな遊び → 降園準備 → 帰りの集まり → 降園

1）登　　園
・靴　箱

　靴箱に自分の名前やマークがあることで，どこにどのように置けばよいのかわかります。

・一日のスケジュール

　見通しを持てないことが不安につながる子には，その日の活動スケジュールを絵や言葉で示すことで，落ち着いて過ごすことができます。

写真7-1　靴箱の工夫

2）身辺整理

　身辺整理には，着替えをする・鞄からタオルとコップを出してフックにかける・鞄から連絡帳を出す・カゴに連絡帳を出す・シール帳にシールを貼る，等と多くの手順があります。

　一連の流れがわからない子ども，忘れてしまう子どもには，写真や絵で視覚的に示した手順の流れカードを確認しながら進め，身に付いてきたら，少しずつ援助を減らしましょう。また，他のことに気が散って身辺整理が進まない場合は，集中できるように位置関係を工夫する

写真7-2　スケジュール表

写真7－3　左：身辺整理の流れカード
　　　　　右：ロッカー

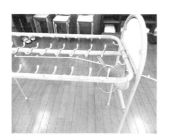

写真7－4　タオル・コップかけ

のもよいでしょう。

・着替え

　着替えの順序や服の前後，表裏がわからなかったり，ボタンの留め外しができなかったり，シャツが出たままだったりと，着替えがきちんとできないことがあります。

　前後・表裏がわかりやすいように印をつける，着脱しやすい素材にする，大きめのボタンにして留め外しを容易にする，ボタンとボタンホールの色を揃える，などの工夫により，着替えがスムーズに行えるようになります。

・ロッカー

　靴箱と同様，ロッカーにも名前やマークを貼っておきましょう。ロッカーの中の工夫としては，フックに目印（写真やシールなど，その子の状況に応じて）をつけることで，ロッカーのどこに何をおけばよいのかが理解できます。空間認知が苦手な子どもには，このような工夫が大きな手がかりになります。自分でできるようにするための環境をつくりましょう。

・タオル・コップかけ

　名前やマークを貼る，一番端の場所にする等の工夫をすることで自分の場所がわかりやすくなります。

3）好きな遊び

　遊びにはイメージが伴います。特に友だちとの関わりのある遊びでは，イメージの共有ができないと困ることが多くみられます。もし，集団参加が苦手・友だちとの関係をうまく取れない，といった子どもの場合，最初は無理に友だちとの関わりを強要せず，友だちの近くで一人遊びというくらいでも十分です。

　まずは一人で楽しめるものを大切にし，少しずつ周りの友だちにも興味・関心が向くように働きかけていきましょう。

　また，友だちのおもちゃを言葉で「貸して」と言えずに奪ってしまう，叩いてしまうといったトラブルになり，うまく遊べないこともあります。行動を観察してうまくいかない理由を考え，もし，おもちゃを使いたい時は無理やり取ればよいと誤学習しているような場合は，正しい行動を伝えていきましょう。

4）朝の集まり

椅子を置く場所や立つ位置がわからないのであれば，目印をつけましょう。

また，子どもが集中して先生の説明が聞けるように座る場所を先生の近くにする等の配慮もしましょう。

写真7－5　椅子を置く場所の目印，足を置く目印

5）主　活　動

① 製作の例

言葉のみの説明だと指示が通りにくく，具体物の見本があると注目できるような場合，写真7－6・7－7のような提示があると伝わりやすくなります。

また，指先が不器用でハサミが上手に使えない場合，1回切りでできるもの等，その子ができるものを準備することで意欲的に取り組みやすくなります。

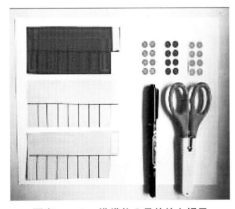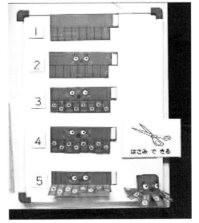

写真7－6　準備物の具体的な提示

写真7－7　手順の具体的な提示

② ルールのある遊びの例

周りの子に興味・関心がなく自分本位な行動が多い，ルールを守る意味がわからない場合は，ルールを守る理由を具体的に伝えたり，ルールを守らないことで相手が困ることを具体的に示しながら伝えていきましょう。

ルールそのものを理解していない場合，その子どもの理解度を図りながら，一緒に遊ぶ中でルールに従ってどのように動くのかを伝えていきましょう。

6）昼　　食

偏食がある場合，その背景には感覚過敏[＊5]やこだわりがあることがあります。決して無理強いはせず，苦手度の低いものをごく少量からチャレンジしましょう。他の食材に混ぜる，調理法を工夫するなど，子どもの反応を観察しながら徐々に慣れるよう練習し，少しでも食べた時にはほめるようにしましょう。あせらず時間をかけて取り組む中で，意欲的に頑張れるように楽しく進めていくことが大切です。

また，食事中に立ち動き回る場合は，刺激が少なく食べることに集中できる環境を設定する，タイマーを使用する，正しい姿勢で食べられるように足台を使用する等，その子どもの様子に合わせた工夫をしましょう。

7）好きな遊び

同じ好きな遊びの時間でも，午前と午後とでは子どもの集中力や疲労感が異なります。昼食をとった直後はあまり激しい活動は控え，絵本や紙芝居を読んだり，ゆったりと過ごす等，子どもたちの様子を見ながらどのような遊びをするかを決めるとよいでしょう。

8）降園準備

降園時間が近づくと，遊具の片付けを行い，降園準備をします。中には，片付けの時間になっても遊びをやめられない子がいます。十分に遊びを満喫できるような時間配分にする，片付けの時間を前もって伝えておくだけでも，スムーズな片付けにつながります。作っている作品を途中で壊したくない時は，後で続きができるように預かっておくと，納得して次の行動に移ることができます。遊びから片付けに切り替

写真7－8　片付けの収納環境

えられた時には，必ずほめて認めてあげましょう。また，どこにどのように片付ければよいかがわかるように収納環境を整えることで，片付けがわかりやすくなります。

9）帰りの集まり

園での一日を振り返ったり，明日に期待が持てるような話をしたり，絵本や紙芝居などを読んで，心が落ち着くような時間を過ごしましょう。

10）降　　園

言葉でうまく話せない子どもの保護者にとって，先生の話は園での子どもの様子を知る貴重な機会です。お迎えに来た保護者には，その日の様子を話しま

しょう。バスで降園する子どもの保護者へも時折電話連絡する等，園での様子を伝えましょう。もし，その日何かあって落ち込んでいるような時，保護者に状況の説明と子どもへのフォローのお願いを忘れないようにしましょう。

11）保育室の環境づくり

保育室には，絵本やおもちゃ，ピアノ，子どもたちの作品やおたより等，様々なものがあります。このような環境は特に落ち着きや集中力のない子どもには落ち着かない要因となってしまいます。そのため，活動や絵本読みの時などは布で覆うなどして見えないようにすることも保育環境の工夫の一つです。

写真7－9　壁面

写真7－10　棚

■■（3）遊びの環境づくり

1）遊びの意義

遊びは子どもにとって生活の中心です。子ども一人ひとりに合ったやり方で，遊びが十分に展開するよう援助しましょう。発達障害のある子どもは失敗経験を積み重ねている傾向がありますが，遊びを活用すれば楽しみなら成長でき，自信にもつながります。その子どもの課題を見極めながら，遊びを取り入れてみましょう。以下，発達障害のある子どもの遊びの例をいくつか紹介します。

2）発達を促す遊びの実際例

① 体の感覚に過敏性がありいろいろな物に触ったりスキンシップをとって遊ぶことを嫌がる場合

体の感覚が楽しめる遊びを取り入れることで，体の過敏性が緩和するだけでなく，情緒も安定していきます。

【水，砂，小麦粉粘土，スライム遊び】

素材の感触を嫌がる場合は，じょうろに水を入れて水やりをしたり，シャベルで砂をすくったり，直接触らずに素材に興味をもつことから始めるようにすれば，少しずつ慣れて直接触ることを嫌がらなくなってきます。

> **【外遊び（散歩）】**
> 　園庭での遊びや散歩で，風を肌で感じたり，花を見て匂いを嗅いだり，景色を見たり，探索ごっこをする中で，五感に様々な刺激を受けることができます。ただ歩くのではなく，芝生の上をはだしで歩く，砂利道を歩く，坂を上り降りする等と変化をつけるとさらに楽しくなるでしょう。

② 　手足を協調させて動かすのが苦手な場合

少しずつ楽しめる運動や遊びを増やし，遊んでいく中で体の動かし方がわかってくるようになります。

> **【リズム遊び，リトミック】**
> 　歌やリズムに合わせて皆で足踏み・止まる・ジャンプ・走るといったいろいろな体の動かし方を楽しむ中で，少しずつ自分の体のことがつかめるようになり，全身を協調させる動作ができるようになっていきます。

③ 　手先が不器用な場合

指先を使う遊びを取り入れることで，指先の不器用さが改善してきます。

> **【ビーズ通し，ボードの穴通し】**
> 　穴の大きさや紐の太さは様々なサイズを準備しましょう。紐にビーズを通してお手本を見せ，でき上がった物は必ずほめてあげて下さい。遊びを通して指先の発達が促される・工作に興味を持つ・集中力が身に付く，といったことが期待できます。

3　子ども同士の関わりと育ち合い

（1）子どもとの間に信頼の糸を紡ぐ

　子どもたちの関わり合いが必要なのはなぜでしょうか。私たちの生きている世界は，多くの人との様々な関わりの中で成立しています。そして，人とのつながりをつくり出す力は，やはり人との関わりの中でしか育むことができないのではないでしょうか。子どもが一人で自然に育つことはありません。幼い子どもたちに保育の場が用意されているのは，保護者の生活を支えるという側面だけではなく，子ども自身にとっても，人と関わる場が提供されているという側面からも意味があることなのです。

　子どもたちが楽しく保育所や幼稚園，認定こども園での生活を送るためには，楽しいと感じることのできる場としての環境の工夫と同時に，安心して自分を表現できる場としての子ども集団をつくっていく必要があります。しかし，子ども集団をつくるといっても，幼い子ども同士がすぐによい関係を結ぶ

ことはできません。障害のある子どものうまく表現できない気持ちや困った行動の裏に隠されている気持ちを理解し（あるいは理解しようとして），受け止めていけるのは子どもたちに直接関わっている大人（保育者）なのです。そのため，大人である保育者が，どのような大人として子どもの前に登場するのかが大切になります。子ども自身にとって，抱えている不安や恐怖から自分を守ってくれる存在となるのか，それとも逆に，不安や恐怖をさらに押しつけてくる存在になってしまうのかでは，その後の子どもとの関係性や保育・教育実践に大きな違いを生み出すことになります。ですから，子どもの気持ちを受け止め寄り添おうとする姿勢で子どもの前に登場してほしいのです。そして，時間をかけて，子どもと保育者の間に信頼関係の糸を紡ぐことに力を注いでほしいのです。そのことが子ども同士の関わりや育ち合いを築く第一歩となります。障害のある子どもの気持がわかる（気持ちをわかろうと努力する）特定の保育者，しかも継続して関わっていく特定の保育者の存在がとても大切なのです。

エピソード7-1　　**子どもの好きなことに関わってみる**

　A君（幼稚園・年長）はダウン症と診断された男の子です。初めての人や場所がとても苦手です。「おはよう」と声を掛けても母親の後ろに隠れてしまいます。

　そんな日が続く中，A君をよく見ていると，登園すると必ず行くお気に入りの場所があることに気づきました。トランポリンの上でとても楽しそうに跳ねているのです。トランポリンはA君の大切な居場所のようでした。そのA君の好きな遊びに私も加えてもらえたら，そこから関係ができるのではないかと思いました。

　A君が跳ねるトランポリンの横に私はちょこんと座ってみました。いつもなら近づくだけで逃げていたA君なのに，この時は一瞬チラッと私を見ただけでトランポリンを続けていました。強く跳ねた時に私が座っているところも大きく揺れました。私は，倒れながら「わあー，びっくりしたー」とおどろいて見せました。この時も倒れてA君にかなり近づいたのに逃げ出さず私をチラッと見ただけでした。「これならいけるかも。トランポリンを通してこの関わりを続けてみよう」と思いました。

　それから10日ほどして，私がトランポリンの上に倒れ込むのを見てニコッとするA君，なかなか倒れない私に倒れることを求める仕草を見せるA君に出会いました。そしてついに自分から私を倒すようになりました。私はもう大丈夫かなと思い「A君，やったなー」と，コチョコチョをして反撃してみました。A君は笑っていました。やがてA君はコチョコチョを待つようになってきました。

　A君が私を倒し，私がA君にコチョコチョをするという2人だけの遊びが続いていたある日の朝。登園してきたA君と私の目が合いました。次の瞬間，A君が私の方へ向かって走ってきて私に抱きついてきたのです。私も思わず抱きしめていました。そして，「A君との本当の生活がこれから始まるのだ」と感じていました。

■（2）子ども同士のつながりをつくる

　前述の（1）では，「子どもの気持ちを受け止め寄り添おうとする姿勢で子どもの前に登場してほしい。そして，時間をかけて，子どもと保育者の間に信頼関係の糸を紡ぐことに力を注いでほしい。そのことが子ども同士の関わりや育ち合いを築く第一歩」であることを説明しました。それは，保育所・幼稚園等で一緒に生活する子どもたちは，障害のある子どもや困った行動などをとってしまう気になる子どもへ対する大人（保育者）の関わり方をよく見ていて，その関わり方からよくも悪くも学び，接し方や関わり方をまねている[*6]からです。そのため，まずは保育者が障害のある子どもとどういう関係を結ぼうとしているのか（大人の意図する方向になるように強い姿勢で臨むのか，子どもの気持ちを受け止め寄り添おうとしているのか），何とかして子どもの気持ちに寄り添いながら関わりを持とうと懸命に努力する姿，これを意図的に周りの子どもたちに見せていくことがとても大切です。この過程が子ども集団を築く第一歩となるのです。そして，ここから子ども同士のつながりが本格的にできてくるのです。もちろん，そのもう一つの前提として，どの子どもに対しても，一人ひとりの気持ちを大切にする接し方をしていることは忘れてはなりません。

　では，次のエピソードから子ども同士の関わりの世界を覗いてみましょう。

＊6　ピアジェ（1896-1980，スイスの心理学者）は，子どもの道徳性は，大人の判断に依存する他律的段階から自己の判断を重視する自律的段階へと移行すると述べている。幼児は発達上この他律的段階で，大人の言動を行動モデルとして取り込みやすい時期といえる。

エピソード7-2　ジャンケン事件と子どもたち

　B君（幼稚園・年長）は自閉スペクトラム症の男の子です。自分の思いがかなわないとパニックになります。そして，「一番がいい」，「勝ちたい」という思いも強い子どもです。

　B君のクラスでハロウィンパーティーの準備のために，みんなで係を決めて準備しようと話し合いをしていた時のことです。マイクが大好きなB君は司会係に立候補しました。でも，定員よりも希望者が一人多く，どうしようかと子どもたちで話し合いになりました。そして，ジャンケンで決めようということになりました。担任の先生はそれを見守ることにしました。B君はジャンケンの時，少し遅れて見て出します。それは負けたくないという思いからのようです。だから何度もやり直しになります。そして一緒に揃って出す時は決まってグーを出していました。その時期のジャンケンでのB君の行動パターンのようでした。そのことにみんなが気づき最後は負けてしまいました。

　B君は司会になれなかったこととジャンケンに負けたことの両方で部屋の後ろで泣きながら怒っていました。担任の先生がみんなに話しました。「B君，とてもしたかったけど負けて泣いています。みんな，どうしたらいいかなあ」と。「泣いてるからかわいそう」「ジャンケン負けたから仕方ない」，しばらくそんな話が続いた時，B君の隣の席の女の子Cさんが発言しました。Cさんは心配でずっとジャンケンの様子を見ていたのです。「B君，ジャンケンに負けたけど，B君はグーしか出してなかったよ。B君はグーしか出せないのに，みんなでパー出したからB君は負けた。だからかわいそう」。担任の「B君はグーしか出してなかったの？」という言葉に，子どもたちも「うん，そう」「でもジャンケンやけん，我慢せんと」と反論。再びCさんが発言しました。「でもグーしか出せんのにパーで勝つのずるいわ」。この発言をきっかけに次第に流れが変わってきました。「グーしか出せなかったら勝てません。B君も司会に

してあげたらいいです」と。その流れを見ていた担任の先生がこの話し合いをまとめました。「ジャンケンに負けたけど，それはグーしか出せないから。それなのにジャンケンで決めるのはかわいそうやという考えがたくさん出てきたけど，それじゃ，B君も司会をしてもらうということでよいですか」「うん，いいよ」「大丈夫」という声があふれていました。こうしてB君は希望の司会係に決まりました。B君はみんなにお礼と頑張ることを約束しました。

　このエピソードでB君は，こういうやり取りの繰り返しの中で，次第に自分の気持ちが受け止められてもらえているという実感を，担任だけでなく，クラスの子どもたちの中にも感じるようになりました。その背景には，担任の保育者が，B君への関わりを日頃の生活の中で周りの子どもたちに意図的に見せて，子どもたちがそこから学びながら，B君への関わり方・感じ方を真似ていくという繰り返しがあったことは言うまでもありません。もちろんこのエピソードの場合は，もっとB君に寄り添った解決方法もあると考えられます。ジャンケンを十分に機能させることのできないB君のために，ジャンケンでない方法に変更することももちろん考えられますが，その上で，ここでは問題の解決へ向けて，子ども同士の気づきの登場や，関わり合いの中で解決策を先生と子どもたちがともに模索するという過程に注目してみたかったのです。

　自分が周りから受け止められている，ここは安全なのだ，安心して自分のありのままを出せるという実感を子ども自身が持てる状況になった時に，子どもは自分の思いや要求をただ押し通すだけでなく，その関係ができた相手や集団に対して，その人たちの言葉にも耳を傾けようとする心の余裕が生まれてくるのです。子どもと子どもをつなごうとする時，どの子どもも一人の人間として自分の思い・願いを持って生きていること，見つめる人（見守る人）があってこそ，子どもは関わりを求めるようになることを絶えず意識しておくことが必要です。特に障害のある子どもは，自分の気持ちや思いや要求を言葉でうまく伝えることができずに，乱暴な行動やパニックなど，言葉以外の限られた手段で思いを投げかけてくることを保育者として十分に意識しておくことが大切です。そして，子ども同士が関わり合う関係を築いていく上で，障害のある子どもと関わり続けている保育者が，障害のある子どもと他の子どもたちとの関係をつないでいく橋渡し役になるという大切な役割があるのです。

■（3）集団の中での育ち合いと課題

　これまでで述べてきたように，障害のある子どもの気持ちをわかろうと努力しながら関わる保育者と，その子を気にかける子どもの登場，そして，その子どもたちを結びつけていく橋渡し役としての保育者という幾重（いくえ）にも重なった動きの中で子どもたちの関わり合い・育ち合いはつくられていきます。

　障害児保育の歴史的変遷（第1章2）で触れられていたように，現在では，

障害のある子どもとない子どもが共に保育・教育を受ける環境が広がり，在籍する障害のある子どもが増えています。そのような子どもの中には，じっとしていられなかったり，興味があるものにすぐに気をとられてしまったり，こだわりが強かったり，人と関わらずに一人で遊ぶことが好きだったりと，他の子どもたちとは違う行動をとってしまう子どもも少なくありません。しかし，そのような障害のある子どもとない子どもが同じ集団の中で生活することは，互いの育ちによい影響を与えます。障害のある子どもにとっては，子ども集団から様々な刺激を受けて発達が促されます。また，周りの子どもたちにとっては，障害のある子どもと一緒に生活する中で，自分と違う個性を持つ友だちがいることを知り，思いやる心や助け合う心が育つだけでなく，その友だちの持つすばらしいところを知ったり，自分と同じようにがんばったり挑んだりすることを知り，自分もまたいろんなことに挑んでいこうとする心も育ちます。もちろんその他にもたくさんの育ちの姿を互いに見せてくれます。

エピソード7−3　　**子どもをつなぐダンゴムシ**

　D君（幼稚園・年長）は注意欠如・多動症の男の子です。目にしたものに次々と興味を示し，周りからは落ち着きのない子とみられています。その一方で，D君のすることは周りの子どもたちにもとても興味のあることが多く，気にもされています。
　D君がある朝一匹のダンゴムシを見つけて持ってきました。「先生，いい？」。それは飼ってもいいかということでした。「D君飼いたいの？」「うん」「じゃあ飼おうか」と小さな空き箱をあげました。D君は空き箱を持って園庭に出て行きました。保育者も一緒にダンゴムシ探しに参加しました。2人で園庭のあちこちで探していると，「先生，何してるの？」と興味を持った男の子が近づいてきました。私はD君としていることを話しました。「おもしろそう。ぼくも探していい？」と参加してきました。そして，ダンゴムシ探しの輪はみるみる広がっていきました。
　たくさん集まり入れ物もどんどん大きくなりました。やがてD君がダンゴムシの絵本を持ってきました。そこにはダンゴムシの飼い方や餌について書いてありました。D君の夢は広がりました。「先生，ダンゴムシのお家作ろう」と言い始めました。保育者は「うん，それいいね。一緒に探した友だちと一緒に作ろうか。相談しよう。みんなを呼んできて」とD君に頼みました。集まってきた友だちとこうしよう，あれがいると楽しそうな話し合いになりました。こういう時に出すD君のアイデアはみんなを感心させます。D君の持っているよさが認められる時なのです。やがてダンゴムシランドは完成し，赤ちゃんも誕生するというおまけまでついて，楽しい数か月をクラスのみんなで過ごしました。

　エピソード7−3のような相互の育ちは，自然に実現するものではなく，これまでに述べてきたような保育者による適切な支援の中で実現していきます。適切な支援がない中では，障害のある子どものよさが周りの子どもに十分に理解されず，子ども集団の中に入れなかったり取り残されたりすることもありえます。場合によっては，障害のある子どものとる行動が正しく理解されずに，

不満が出たり孤立させられたりすることも十分に想像できます。

　共に生活するということは，ただ一緒に同じ空間にいるということではありません。同じ空間にいても，取り組んでいることが別々であるなら，それは共に生活していると言えるでしょうか。共に生活するとは，誰かと何かを一緒に取り組む状況があってこそではないでしょうか。ですから，そこには保育者による意図的で適切な支援が必要で，その環境が保障されている中で，障害のある子どももない子どもも相互に認め合う子ども集団がつくられていくのです。

　しかし，現在，保育所・幼稚園等に障害のある子どもも含め，保育を行う上で対応や指導が難しい子どもが増えてきていると感じている保育者は多くいます。事実，障害のある子どもだけでなく，いわゆる「気になる子」という表現で呼ばれる子どもたちがどの保育の場にも多くいるという状況が寄せられています。このような中，これまでも担任保育士と加配保育士*7が協力し，どのような配慮をして指導していけば支援を要する子どもたちが活動に参加できるのかということを模索しながら困難さに立ち向かってきていましたが，その役割の大切さがますます重要性を増しているといえるでしょう。

　そのような現状の中，子ども同士の育ち合いを考えていく時に，どのようなことにさらに気をつけていけばよいのでしょうか。

　これまで見てきたように，子どもたちは，集団生活の中で，保育所・幼稚園等の友だちに関心を持ち，モデルとして真似たり取り込んだりしながら様々なことを覚え成長していきます。しかし，障害のある子どもの中にはなかなか周りに関心を持てなかったり，真似ることが苦手だったりする場合があります。そのために育ち合いを引き出すための細かな指導のステップを保育者相互でつくり確認しておくことが必要になってくるでしょう。また，それに合わせた環境づくりをどのようにしたらよいのかということも，対象となる子ども一人ひとりに合わせて構想していくことが大切になります。そのためには日常的に子どもをよく観察しどのようなことに興味や関心を今持っているのかを把握しておくことが大切です。同時に，それを支える保育者相互の連帯・協働も重要な課題となりますが，この点は本章で後述します。

> **＊7　加配保育士**
> 　医師の判断で障害があると認められた子どもに対して，集団生活を送る上での援助や基本的生活習慣を身に付けさせるために，より丁寧な個別のサポートや教育を行うために配置される保育士のこと。

4　障害のある子ども等の健康と安全

　現代は，多くの子どもが一日の多くの時間を保育所や幼稚園等で過ごします。子どもの健康管理の重要性は増しています。保育所保育指針の「第3章 健康及び安全」には「保育所保育において，子どもの健康及び安全の確保は，子どもの生命の保持と健やかな生活の基本であり，一人一人の子どもの健康の

保持及び増進並びに安全の確保とともに，保育所全体における健康及び安全の確保に努めることが重要となる」と記載されています。とりわけ，障害のある子どもの中には感染症に弱い子どもや，容体が急変しやすい子ども，危険の認知ができていない子ども等がいるため，よりきめ細かな対応と対策が必要です。

▶（1）子どもの健康管理

　日常の保育では，子どもの健康状態の把握が大切です。子どもの健康状態を観察する，登園後に体温を測る，保護者から子どもの状態を聞く，などをします。保育中に異常を発見した時には，保護者に連絡したり，嘱託医等に相談したりします。また，定期的に子どもの体重，身長，頭囲，胸囲などを計測します。食欲の有無や日々の食事量も観察します。こうした一般的な健康管理は，子どもの発育不良やあざなど虐待の発見につながる場合もあるため重要です。

　現代は，食物アレルギーのある子どもが増えています。診断基準や調査方法により異なりますが，就学前の子どもの5〜10％という報告[1]があります。子どもの家庭やかかりつけ医と連絡をとり，連携した対応が重要です。また，食事やおやつのあとに歯磨きをして虫歯の予防に努めます。例えば，重症心身障害があり経管栄養[*8]である場合，「口から食事をしないから歯磨きはそれほど重要ではない」と誤解されやすいですが，口腔内を使わないため唾液分泌が少なく，口腔内に多くの細菌が増殖しやすいので虫歯の予防は重要です。

　子どもの健康増進の観点から，保育の中で積極的に体力づくりを取り入れることも大切ですが，その際，子どもの体力も考慮して適切な休養が取れるような環境を整える配慮も必要です。例えば，発達障害のある子どもの中には，同じ姿勢を保てなかったり，すぐ「疲れた」と言ってゴロゴロしたりする子どもがいます。体力づくりとして，散歩，運動遊び（例：トランポリン，マット運動，築山登り，でこぼこ道を歩く）などを意識的に取り入れることも時には必要でしょう。一方で，保育室や職員室などの一角に子どもが休養しやすい空間をつくれば，体力を回復させ気持ちを落ち着けることができるでしょう。

*8　経管栄養
　第5章 p.74 参照。

エピソード7-4　　子どもの状態に合わせた体力づくり

　Eちゃんは幼稚園の年長ですが，体格は2歳児くらいの女の子です。言葉はまだ話せません。また物を噛む力も弱いので，園ではEちゃん用の給食をすべて刻み食にしています。Eちゃんが歩けるようになったのは4歳過ぎでした。筋力が弱いためリハビリテーションに通っています。園では，母親からリハビリテーションの内容を聞き，それをヒントに毎日Eちゃんが楽しんでできる役割をつくったり，体を使う遊びに誘ったりして，Eちゃんの体力づくりを心掛けています。

　障害のある子どもの中には感染症に弱い子どもがいます。保育所等では毎日長時間にわたり集団生活をするため，食事，午睡，遊びなど接触する機会が多く，感染症が広まりやすい環境です。日頃からうがいや手洗い，排泄物や嘔吐物の適切な処理，予防接種などにより感染症の予防に努めることが大切です。

■（2）疾病の把握

　在籍している障害のある子どもが持っている疾患および配慮事項について，担当の保育者のみならず園で把握して対応することが大切です。

　例えば，食物アレルギーのある子どもやてんかん発作を有する子ども，緑内障や白内障等の視覚障害のある子ども等について，その疾病と園での配慮事項を事前に園全体で把握しておく必要があります。

　2012（平成24）年には，牛乳アレルギーのある子どもが，チーズ入りのチヂミを間違えて食べ，対応が遅れて死亡するという痛ましい事故が起こりました。食物アレルギーについて正しい知識を持つことはとても大切です。アレルギーの場合，重症心身障害のある子どもは，体のかゆみがあっても訴えることができず，かゆくてもかけないため皮膚症状が目立ちにくく，何年も食物アレルギーに気づかれなかった例が報告されています[2]。

　てんかん発作を有する子どもの場合，あらかじめ発作が起こりやすい状況を知っておくことや，発作が起こった場合の対処などを備えておくことが大切です。4月の担当保育者の交替やクラス替えの時期，運動会前など，緊張や疲れが出る時期には発作が起こりやすくなるため，特に注意が必要です。

　緑内障[*9]や白内障[*10]などの眼疾患を持つ子どもの場合，見え方の特徴とともに医療上の留意点を事前に把握して対応することが必要です。

■（3）事故防止

　家庭生活でも集団生活でも，子どもは風邪をひいたり，ちょっとしたけがをすることがあります。子どもの成長・発達の過程で病気やけがをゼロにはできません。保育者ができることは，子どもが大けがしたり，重い後遺障害を残したり，死亡したりするといった深刻な事態が起こらないような保育施設の物理的環境・人的環境をつくる努力を続けることです。園外活動においては，深刻な事故が起こらない体制を整えます。

　障害のある子どもの場合は，子ども一人ひとりの実態に合わせてきめ細かい配慮が必要になります。例えば弱視の子どもは，「全く見えない」というより「見えにくい」状態であり，見たいものに目を近づけて見ようとします。この動作は，弱視の子どもにとって意欲を育てるために大切ですが，留意すべきことがあります。先端の尖った道具等を使用する場合には，けが等をしないよう

　眼の中の圧力（眼圧）が異常に高くなった結果，網膜が損傷する疾患。

*10　白内障
　眼の中のレンズの役割をしている水晶体が白く濁る疾患。

109

に配慮が必要です。また，床面や歩道の色の変化やわずかな段差を怖がる傾向があります。子どもの目線の高さに合わせたところに場所を示す目印を付けたり，段差の縁にコントラストのはっきりした色のテープを貼ったりする等により，見やすく気づきやすい環境づくりをします。

緑内障や白内障の手術を受けた場合は目のあたりを，また聴覚障害のある子どもで人工内耳*11を装用している場合には，人工内耳を装用している側の頭をぶつけないように留意することが必要です。

＊11　人工内耳
　第3章 p.45〜p.46
参照。

肢体不自由のある子どもは，手や脚が動かせないだけでなく，痛み等の知覚がマヒしている場合があります。障害に起因する特性をしっかり理解して対応することが大切です。

エピソード7−5　火傷の発見が遅れたCちゃん

　Fちゃんは，明るい性格でお話が上手な年長の女の子です。二分脊椎症※をもって生まれ，両脚はマヒがあり動きません。上半身は問題なく，座位で腕の力を使って移動します。冬，こたつに入っていた時に，Eちゃんの左足がこたつのヒーター部分に長時間接触していたため火傷しました。Fちゃん自身は脚のマヒのために熱さに気づくことができませんでした。

※二分脊椎症：先天的に脊椎骨が形成不全となって起こる神経管閉鎖障害の一つ。発生部位から下の運動機能と知覚がマヒし，内臓機能にも影響する。

発達障害がある子どもの中には，自分が好きなものや気になるものを見つけると，それしか見えなくなってしまうことがあります。滑り台をしたくなり，他の子を押しのけ突き飛ばした場合，事故につながります。突発的な行動をとりやすい子どもの行動を十分に観察して，その行動特性を把握し対処法を準備しておくことが必要です。

▶（4）安 全 対 策

保育施設の園内外の出っ張り，段差，隙間や高所等の安全性をチェックし対策をとります。例えば，視覚障害のある子どもがつまずいたりぶつかったりするのを防ぐために，出っ張りや段差をなくす，机の角等の尖った場所にクッション材をつける等の対策をとります。発達障害がある子どもの中には，何かを思いついたり見つけたりすると高いところに登ったり飛び降りたりする場合があるため，窓やベランダ，棚の上等に登れないような対策をとります。

災害に備えた対応と対策も大切です。棚の転倒防止，落下物やガラスの飛散防止，消火器設置と初期消火訓練，心肺蘇生法や止血方法の訓練等が考えられます。また，子どもの障害特性に合わせた配慮も必要です。例えば，補聴器を使用している場合，騒々しい中や大声で話しかけると聞き取りづらくなりますから，避難時にはそばで口元が見えるように話しかける，視覚刺激を使う等の

配慮が必要になります。発達障害のある子どもは，普段と異なる状況や予定変更が苦手でパニックを起こしかねないため，日ごろの避難訓練が大切になります。訓練の際に子どもに話す言葉を決めておく，とるべき安全行動や避難行動を絵カードにして示す等して避難訓練を実施するとよいでしょう。

5 職員間の連携・協働

■（1）なぜ連携・協働は必要なのか

　保育者は，養育者やその周りの大人に代わって（委託されて）幼い子どもたちに関わる人です。ですから，養育者と同様に安心できる大人として幼い子どもに関わることが当然求められています。特に障害のある子どもと関わる保育者は，ありのままの姿の子どもをまるごと受け止めながら子ども理解を深めていく必要があります。しかし，それはそうたやすいことではありません。

　それを克服するためには，子どものその時の思い（気持ち）を，多くの保育者の目で捉えていくということが大切になってくると考えられます。障害のある子どもが見せる行動や言葉の裏に隠されている本当の思いを保育者集団みんなのものにしていくには，互いの考えや感じたことを伝え合い，相互に理解し納得し，取り組む方向を合意していくことが必要なのです。

エピソード7－6　お別れ会の写真撮影

　G君（幼稚園・年長）は自閉症スペクトラム症の男の子です。場面の変化や失敗することに対応することが苦手です。

　大好きな友だちであるH君が家庭の都合で引っ越していなくなってしまう，そのお別れの会でのことでした。みんなで一緒に遊んだり，お別れを言ったりした後，最後にみんなで写真を撮ることになりました。みんなと一緒にG君も列に入りましたが，いざ写真を撮る時になって一人後ろを向いてしまいました。担任の先生が何度声を掛けても後ろを向いたままです。仕方ないのでそのまま写真を撮りました。

　放課後，職員室に戻ってきて写真撮影の話になりました。G君の担任が切り出しました。「G君，大好きなH君のお別れなのに残念やったわ。でもどうしてなんだろう」「本当はG君も写りたかったと思うよ」「じゃあ，どうして声掛けたのに知らんぷりのままやったの。いつものわがまま？」「うーん，一緒に写りたかったけど，H君とお別れすることを受け入れたくなかったんじゃないかなあ。さよならになるのがいやだったんじゃないかなあ」「でも，ちゃんとこっち向いてほしかったな」「これはわがままじゃなくて，G君の精一杯のお別

れすることへの抵抗だったのかもしれないって私は思う」「さよならしたくなかったことを，僕は写らないよということで表現していたということ？」「そうそう。私はそう捉えるべきじゃないかなと思う」「そうかあ。私は写ってほしいていうことばかり思っていたから気がつかなかったんだね」

　子どもの出来事を巡る保育者間のちょっとした考えのずれがあることは当然です。大事なのは普段から保育者同士で大切なこと・必要なことを語り合える環境，それを支える同僚としての信頼感があることが大切なのです。別の日にG君の行動を巡る担任保育者のこんな発見がありました（エピソード7-7）。

エピソード7-7　どうしても言いたい

　卒園する年長さんのお祝いの会の発表をしている時のことでした。この日までがんばって練習してきていたG君。本番もはりきっていました。G君の台詞（せりふ）の番がやってきました。元気よく言い出したG君。でもすぐに自分のいう2番目の台詞を言ってしまったことに気づきました。周りのみんなの顔を見渡し，言い直してお祝いの会の発表は無事に終わりました。その日の放課後のことでした。G君の担任がこう言い出しました。「G君，いつもは失敗すると固まってしまったり違うことをしたりしだすでしょ」「うん，立ち直るのに時間かかるよね」「でも，今日は間違いがあったけど，すぐに立ち直ってやり直した。これってすごいと思う。みんなでお祝いしてたから，G君のお祝いしたい気持ちの表現だったと私思うんですよ」「すごいじゃない。G君のそんな気持ちわかるなんて。ほめてあげた？」「もちろん，いっぱい」。

　担任の先生のG君を見つめるまなざしに少しずつ変化が感じられるエピソードです。職員間の連携・協働が必要な理由の第一は，このように子ども理解を保育者集団のものとして，新たな実践に向かっていくことにあります。

　そして，連携・協働が必要な理由は子ども理解の面だけではありません。第二に，その子どもの理解の上に立って，具体的にどのようにその時々に対応や配慮をしていくのかについて，職員間での共通理解が必要だからです。具体的には，その子どもに誰が主に対応するのか，誰に協力を求めればよいのかということから始まり，困っている時の声掛けや落ち着くまでの場所をどうするか，誰が対応できるかなど共通理解しておかなければならないことはたくさんあります。また，担当外の子どもの困っている場面にも日々遭遇するものです。その時に誰もが対応できるようにしておくことが大切です。そのような共通理解は，特に医療的配慮が必要な子ども（例えば，てんかんのある子どもや食物アレルギーのある子ども等）がいる場合には特に重要になります。

　連携・協働が必要な第三の理由は，子どもの命を守るという安全的配慮の点です。もしもの場合の具体的な対処法の共通理解は命に関わることなので，繰り返し共通理解し協力して対処していくことが求められます。

■■（2）組織としての子ども理解
―支援体制の定期的な見直しのために―

　保育所保育指針には，研修の必要性について「保育の課題等への共通理解や協働性を高め，保育所全体としての保育の質の向上を図っていくためには，日常的に職員同士が主体的に学び合う姿勢と環境が重要であり，職場内での研修の充実が図られなければならない」とあり，外部への研修の参加についても機会の確保に努めることが記載されています。保育士キャリアアップ研修も各都道府県で行われており，乳児保育，障害児保育，保健衛生・安全対策など分野ごとにねらいや内容がガイドラインによって定められています。

　教員においても，教育公務員特例法に定められる法定研修や，教員免許更新における講習などがあります。

　保育・教育に関わる人に研修は大切なものです。目の前の子どもをどのように理解するのか，その理解に支えられてどのような支援を行うことが必要なのかを明らかにするためだからです。

　子どもの気持ちを共有していく方法はいろいろあります。保育者同士の日常的な会話の中から生まれることもありますが，計画的に相互の考えや方法などを学び合う場も必要です。その一つの方法が保育カンファレンスです。

　保育カンファレンスとは，保育実践・教育実践上での記録や子どもの様子，環境整備などについて保育者自身による報告のもと職員集団で検討・協議を行う会議です。運営のあり方は様々で自主的な場合もありますが，保育所・幼稚園等として定期的に行われることが大切です。それは公的な，そして客観的な話し合いの場として保育所・幼稚園等の運営に位置づけられるからです。

　幼稚園教諭では，特別支援教育コーディネーター[*12]が選任され，職員間や関連機関との調整を行いながら子どもへの支援を行っています。日常の保育の中での具体的な支援や保育者の動き（誰がどのように関わるのか）を検討し，必要に応じて障害のある子どものアセスメント[*13]を実施し，個別の教育支援計画[*14]や個別の指導計画を作成し，実施・再検討を繰り返しながら支援を行います。この個別の教育支援計画や個別の指導計画にそって行われた支援について見直す場が保育カンファレンスです。

　保育カンファレンスの進め方に決まったものはありません。特別支援コーディネーターの役割を持つ保育者が主に進行を務めます。関係職員，または全員が参加し，必要に応じて外部の専門機関にアドバイスを求める場合もあります。主に次のような場面に分けられ進められます。

【子どもに関する情報を共有する場面】
　　・現在支援を行っている子どもや今後支援の必要性のある子どもの現状把握を行う場面です。子どもの姿を伝え合って子どもの様子を確認し気になっ

*12　特別支援教育コーディネーター
　発達上課題を抱える子どもの保護者相談の園の窓口として，また園内の関係者同士の連絡調整や福祉・医療機関等との連絡調整の役割を担う。保育士には地方自治体ごとに「特別支援保育コーディネーター」養成講座を修了した者を配置する制度がある。

*13　アセスメント
　様々な分野で行われ，教育分野では，子ども理解のためにその子どもに関する情報をいろいろな角度から集め，情報を整理・解釈していく過程を意味する。発達検査などもその一部。

*14　個別の教育支援計画
　障害のある子ども一人ひとりのニーズを正確に把握し適切に対応していくための個人別の1～3年程度の支援の計画のこと。詳しくは本章 p.92 を参照。

ている課題について報告をします。事前に資料を作成しておくことが必要です。写真やビデオなど視覚的な情報は有効です。

【意見やアイデアを出す場面】

・情報の共有を受けて，どのように支援していくのか具体的な方法について意見やアイデアを自由に出し合います。

【方向性を決定する場面】

・出された意見やアイデアをもとに，誰がいつどのような支援を行うのかについて決定していきます。そして，この決定を受けて保育の場面で実践し，次回の保育カンファレンスへつなげていきます。

およそこのような流れで進められていきますが，保育カンファレンス開催にあたって，最初にその日の目的と時間の確認をしておくことを忘れずに行うことも大切です。そして，「個人情報の保護に関する法律[*15]」施行以降，個人情報の取扱いにはこれまで以上に十分な配慮が求められています。アセスメント等で得た情報自体守秘義務がありますが，保育・教育の場では指導上その内容を共有して共通理解していくことが求められることはこれまで述べてきたとおりです。保育カンファレンスで出され検討された内容については，個人情報であることを十分に共通理解し，守秘義務がこの情報を知った保育者全員にあることを徹底させる必要があります。そして，合理的配慮[*16]が法的に位置づけられるようになった今，子どもの指導に関する情報についての保護者からの開示請求に対して，いつでもその内容を開示できるように保育カンファレンスの記録を残しておくことも必要です。

＊15　個人情報の保護に関する法律
　平成15年法律第57号。2005（平成17）年より全面施行された。略して「個人情報保護法」と呼ばれる。

＊16　合理的配慮
　障害のある人が日常生活や社会生活を送る上で妨げとなる社会的障壁を取り除くために，状況に応じて行われる配慮のこと。詳しくは第1章p.15を参照。

（3）保育所・幼稚園等に求められること

保育カンファレンスは，定期的に行われることによって，保育の質（障害のある子どもへの支援の内容）を向上させる目的があります。忙しくとも毎週開催できることが望ましく，例えば「毎週金曜日，時間は30分」などと決めておくと，定期開催が定着していきます。保育者同士が対等な立場で自由に話し合うことで，自身の考え方や保育方法を見直し，よりよい支援のあり方を考える場になります。保育カンファレンスを通して，保育者それぞれの考え方や感じ方，自身では気づかなかった子どもたちの様子や本当の気持ちや願いを知ることができ，園での保育のあり方を共有することができます。

このような職員間の連携・協働をつくり出すためには，日常的に保育者が困ったことや悩みなどを出しやすい，話しやすい職場環境を互いにつくっていくことが大切です。保育者が互いに力を合わせ対処していくという協力態勢がなければ方針を実現していくことは難しいからです。特に園長など管理的立場の人は，このことに力と心を注ぐ必要があるでしょう。

✱ 演習課題 ✱

❶　障害のある子どもの個別の支援計画をもとにしてクラス全体の指導計画を作成する際，どのようなことに気をつけたいか，考えてみましょう。

❷　障害のある子どもの生活や遊びの環境を整えることがなぜ大切なのか，子どもの立場から考えてみましょう。

❸　障害のある子どもとない子どもが一緒に生活することには，育ちの上でどのような効果があるでしょうか。それぞれの子どもの立場からまとめてみましょう。

❹　子どもの目線に立って，あなたの自宅や学校，近所の公園などの安全性をチェックしてみましょう。

❺　障害のある子どもと関わるにあたって，職員間の連携・協働が必要なわけをまとめてみましょう。あなた自身が障害のある子どもの担任となった場合を想定してまとめてみましょう。

コラム

踏み切りを作る　【幼稚園での実習】

私が実習した園に踏切が大好きな男の子がいました。私は，その子と直接関わることはなかったのですが，その子の担当の先生が次のような話をして下さいました。

先生はその子のために折り紙で踏切を作ってあげたのですが，「違う」と言われ気に入ってもらえなかったそうです。何が違うのか実際に踏切を見に行ったところ，踏切の斜断機のところに垂れ下がるヒラヒラしたものがないことに気づいたそうです。そして，もう一度そのヒラヒラを折り紙で付けた踏切を作りその子に渡してみると，納得したようでずっと持っているそうです。

たしかに，私がその子を見かけると踏切の折り紙を持っていました。先生が言うには，踏切を持っていると安心していられるそうです。教室の壁には，少し大きめの踏切が作ってありました。ヒラヒラの部分はスズランテープでした。

子どものこだわりを理解し，毎日安心して幼稚園へ来られるような配慮や工夫が大切であることがわかりました。また，何が違っていたのか，なぜ納得してもらえなかったのかを振り返り，実際に見に行ったり，追求したりすることで，子どもをさらに理解することができるのだと思いました。

【学生F．K.】

（出典）小竹利夫：実習エピソードでつづる 子どもや障碍がある人の心の世界，川島書店，2016

引用文献

1）海老澤元宏・伊藤浩明・藤澤隆夫：食物アレルギーハンドブック 2018，協和企画，2018
2）南部光彦・太田茂，食物アレルギー症状が見過ごされていた重症心身障碍児の１例，小児保健研究，第 65 巻第 6 号，2006

■**参考文献**■

・文部科学省：発達障害を含む障害のある幼児児童生徒に対する教育支援体制整備ガイドライン，2017

・文部科学省：発達障害者支援に関する行政評価・監視の結果（勧告）に基づく対応について」2017

・岩崎淳子・及川留美・粕谷亘正：教育課程・保育の計画と評価，萌文書林，2018

・上原文：「気になる子」にどう対応すればいい？，世界文化社，2011

・本郷一夫：「気になる」子どもの保育と保護者支援，建帛社，2010

・松山郁夫：発達障害のある子どもがすくすく育つ保育，中央法規，2011

・閑喜美史：「気づき」からの支援スタートブック，明治図書出版，2012

・小平雅基・中野圭子：気になる子のために保育者ができる特別支援，学研教育出版，2014

・小倉尚子：子どもの発達にあわせて教える　食事編，合同出版，2012

・杉山登志郎：発達障害のある子どもができることを伸ばす！/幼児編，日東書院，2011

・浜谷直人・芦澤清音・五十嵐元子・三山岳：多様性が生きるインクルーシブ保育，ミネルヴァ書房，2018

・赤澤晃：食物アレルギーキャラクター図鑑，日本図書センター，2018

・高橋正人：裁判所がもとめる幼稚園・保育所の事故防止策，かもがわ出版，2015

・調布市：富士見台小学校児童死亡事故の検証結果報告書，2019

・猪平眞理：視覚に障害のある乳幼児の育ちを支える，慶應義塾大学出版会，2018

・青柳まゆみ・鳥山由子：視覚障害教育入門，ジアース教育新社，2012

・白井一夫・小網輝夫・佐藤弥生：難聴児・生徒理解ハンドブック，学苑社，2009

・松元泰英：目からウロコの重度重複障害児教育，ジアース教育新社，2018

・藤原里美：多様な子どもたちの発達支援，学研教育みらい，2015

・新井英靖・金丸隆太・松坂晃・鈴木英子：発達障害児者の防災ハンドブック，クリエイツかもがわ，2012

・田中総一郎・菅井裕行・武山裕一：重症児者の防災ハンドブック，クリエイツかもがわ，2012

・群馬県総合教育センター：「個別の教育支援計画」と「個別の指導計画」の活用Q＆A～幼稚園，小・中学校，高等学校の先生へ～，2018

第 8 章

家庭および地域・関係機関との連携

1 保護者や家族に対する理解と支援

（1）家庭への支援の必要性

　現代社会では，核家族化・ひとり親家庭の増加・若年層の親の養育能力の問題・長時間労働・女性の社会進出など様々な理由で，家庭での子育て機能が弱くなってきています。また，子どもに関わる経験が少なく，子育てに多くの不安や困難を抱えている家庭は増加しています。

　これらは，障害のある子どもの家庭にも当てはまります。保育者は子どもだけでなく，保護者の悩みや不安と向き合っていくことが求められます。

　ここでは，障害のある子どものいる家族への支援について考えます。まず，子どもに障害があるとわかった家族のエピソードから見てみましょう。

エピソード8−1　　生まれてすぐに障害があることがわかったAちゃん

　Aちゃんは，生まれてすぐにダウン症候群と診断されました。両親は大変なショックを受け，どうして自分たちの子どもに障害があるのか，これから先どうしたらよいのか，心の中で納得することがしばらくできませんでした。しかし医師や看護師の話を聞いて，専門書を読み，子どものためにできる限りのことをしようと決心しました。専門家からの情報を求めてあちこちを訪ねたり，よいといわれることはどんなに遠くても通って，訓練を重ねてきました。

　少しでも障害のない子どもの発達に近づきたいと思い，やればできるのではないかという希望が両親を支えていました。

エピソード8−2　　健診で療育を勧められたBちゃん

　Bちゃんは出生時，特に問題もなく，手のかからないとても育てやすい子どもでした。Bちゃんが初めての子どもであった両親は，他の子どもと発達の比較ができず，時々Bちゃんが窓から入る光に見とれていたり，急に理由がわからずむずがったりすること以外はあまり気にならず，毎日を過ごしていました。

　しかし，歩き始めるとあちこちうろうろして，目が離せない，両親と目が合わない，言葉の発達の遅れなどが気になり始め，1歳6か月児健診で「少し療育に通ってみたらどうですか」と言われて，大変なショックを受けました。

　この2つのエピソードから，保護者が「子どもに障害がある」ということに

直面することは，障害の種別によって時期も内容も違うことがわかります。

また「障害」について詳しく知っている保護者はあまり多くはいません。そのため障害がある（かもしれない）と言われても，まずはどうしてわが子に障害があるのか，どのような障害なのか，どのように接したらよいのかわからないということがほとんどでしょう。

子どもは，親との相互作用で関係性を育てられていきます。例えば微笑んだら微笑みが返る，泣いたらその原因を親が探っておむつを替えたり，ミルクを与えたりという，情緒応答性*1といわれる関係性です。子どもの心身の状態は，この関係性という環境要因に大きく影響されます。子どもの障害のことで，家族が様々な不安やイライラを感じていた場合，それが子どもに伝わり親との関係性に悪循環が生じて，発達上の問題が生まれることがあります。

また，子どもに障害があることを知っている・知っていないにかかわらず，育てにくさや子育てに大変さを感じることが多くなります。そのため虐待へとつながってしまうケースもみられます。虐待の要因は様々ですが，障害は子ども側の要因の一つであるといえます。実際に児童虐待を受けた子どもたちの中で，54％に発達障害があることが報告されています[1]。こうしたことから，障害のある子どもたちへの発達支援だけではなく，虐待から守るためにも，家族への支援は重要なものです。

以上のことから，保護者が子どもの障害をどのように受け止め，どのように子育てしていくかは環境因として子どもの人生に大きく影響します。そのように重要な存在である保護者の気持ちに寄り添い，子どもにとってよりよい人生のスタートを切ることができるように，そしてその後の人生を支えるためにも家族への支援は必要です。さて，子どもに障害があることに直面した家族にとっては，子どもの障害を受容するという大きな壁が待っています。「障害を受容すること」について次は考えていきます。

（2）障害を受容するとは

「障害受容」とは，1950年代に米国で初めて提唱された概念です。上田によれば，「あきらめでも居直りでもなく，障害に対する価値の転換であり，障害をもつことが自己の全体としての人間的価値を低下させるものではないことの認識と体得を通じて，恥の意識や劣等感を克服し，積極的な生活態度に転ずること」[2]と定義しています。これは，障害者本人の障害受容についての定義ですが，大きなショックを受けて立ち直っていくという過程として，親の障害受容と重なるものがあります*2。

子どもは，健康に生まれてくることを期待されています。障害を持って生まれてくることを想定する親はほとんどいないでしょう。子どもの障害の有無を

*1　情緒応答性
　乳児が表出する情動に対して，適切に反応する養育者の態度・能力のことを指す。

*2　子どもの障害を知り，周囲は大きなショックを受けるが，その気持ちを乗り越え子どもと向き合う気持ちを持つことには大きな意味がある。

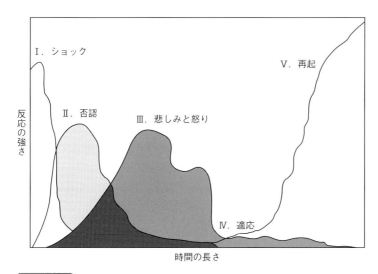

図8-1 先天的障害をもつ子どもの誕生に対する親の正常な反応

（出典）Drotar, D. 1975，谷川弘治編：病気の子どもの心理社会的支援入門，ナカニシヤ
出版，2009，p.63

知る時期に差はあれ，障害についてのイメージはまだまだ肯定的なものではな
く，自分の子どもに障害がある（かもしれない）ことは大変な精神的なショッ
クであるといえます。

　自分の子どもの障害を受容する過程のモデルとしては「段階モデル」（ドロー
ターら）が有名です。段階モデルでは，親の心理変容過程について５段階に分
けています（図8-1）。

　これは，「否認」「悲しみ」「怒り」などの精神的に混乱する時期から，その
状況を受け止め，子どもの障害とともに歩もうという前向きな姿勢への努力を
通して障害受容にいたるという考え方です。これは一度保護者が子どもの障害
を受け入れた後は，精神的な混乱がないという考え方です。

　しかし一方で，保護者は一度子どもの障害を受容しても，発達の節目やライ
フステージごとに何度も気持ちが揺れ動き，生涯を通して悲しみが癒えない，
という考え方もあり，これを示したオーシャンスキーらの考え方を「慢性的悲
哀」と呼びます。障害の状態や保護者の生活や置かれた環境により，様々な
ケースがありどちらかの考え方が正しいということは言えませんが，わが子の
障害を受容するということは，保護者や家族にとっては一生をかけた長い道の
りとなる可能性があるということがいえるでしょう。

　保育所などの福祉施設や教育現場はそのような保護者や家族の気持ちを受け
止め，孤立化を防ぎ，具体的な支援を共に考えていくことが重要な役割である
といえるでしょう。

■（3）保育の場での保護者支援

　保育所や幼稚園，認定こども園では，「気になる子ども」の保護者への支援が求められています。まず，エピソードを読んでみましょう。

エピソード8−3　気になる子どもへの対応に悩む保育者

　私は保育所に勤めて2年目の保育士です。今は4歳児クラス28人をベテランの先生と担当しています。クラスにはC君という男の子がいます。C君は他の子どもに比べて言葉数も少なく，うまくコミュニケーションがとれず，友だちと一緒に遊ぶ姿はほとんどみられません。私が主にC君の担当をしています。また，保育室から他の部屋や運動場に出て行くことが多く，そのたびに私は連れ戻しに走っています。

　今日は友だちとおもちゃの取り合いになり，C君は大声で泣き叫び保育室は騒然となってしまいました。泣き叫ぶC君からたたいたり噛み付いたりされて，私は腕にけがをしてしまいました。

　母親は子育てに熱心に取り組んでいますが，C君の状態については理解を示してくれません。「家では何も困っていません」「先生の対応が悪いのではないですか」とまったく相手にしてもらえず，私はついC君の困った行動ばかりを話してしまいます。そのためか，このごろは避けられて話もできなくなりました。Cくんの状態を考えると早く診断を受けて療育を始めたほうがよいと思い，私は毎日あせっています。

　このエピソードにおけるC君のように，保育所・幼稚園等では「気になる子ども」としてとらえられるケースが少なくありません。気になる行動の原因は様々ですが，保育者は他の子どもと比較して，なんとなく違いを感じることが多いようです。そのことが気になり保護者に伝えようとしますが，どうしてもそのような子どもの状態を認めることができない保護者はいます。

　実際に保護者を支援する場合のポイントをあげてみます。

1）気になる状態について認めさせることが目的ではない

　気になる子の保護者には，全く子どもの状態を理解していない（気にしていない）場合と，気にはなっているけれども認めるのが怖い，認めたくないという思いを持っている場合があります。できれば早く専門の療育機関[*3]につなげたいという思いが保育者側にはありますが，子どもの障害を認めさせることを急ぐと，つい困っていることやできないことばかりを親に伝えてしまうことになります。そうすると保護者もますます現状を見ようとする気持ちがなくなり，悪循環に陥る可能性が高くなります。子どもの気になる点を認めることが目標ではありません。まずは日常会話などから保護者と「仲よくなる」ことが大切です。そして信頼関係をつくりながら，子どもがうまくできたことや得意なことを伝えていくようにしましょう。そして，その子どもとうまく付き合うためのヒントを，ともに模索していくことが重要です。

＊3　専門の療育機関
　児童相談所や児童発達支援センターなどを指す。

2）まずは「仲よく」なり信頼関係をつくる

エピソード8－4　ひとり親家庭のDちゃん

　Dちゃんは，ひとり親家庭で母親が長時間働いているため，Dちゃんはいつも9時間から10時間保育所にいます。言葉の発達も遅く，他の友だちとうまく遊ぶことができません。母親はもともと口数が少なく，保育士ともあまり会話がありません。送迎の時もDちゃんが話しかけてもそっけなく，スマホを見たりしています。保育士がDちゃんの気になる状況を話しても全く気にする様子もありません。

　Dちゃんの母親のように非協力的であったり，拒否的であったりする場合は，保護者として適切な発達支援が行われ難いことになります。このような保護者の場合は，わが子の発達に興味を持つためのアプローチを行いながら，Dちゃんへの発達支援は保育者が中心となって行うことがあります。

エピソード8－5　おかあさんが笑った！

　Dちゃんの母親へはどのようにアプローチしていくかを会議で話し合った時に，ある保育士が「そういえば，Dちゃんのお母さんてお弁当はすごく凝ったものを作ってるよね」ということを言いました。そこで，母親とうまく話せない担任からではなく，主任が母親に会ったときにお弁当作りをほめることにしました。すると母親が，いつもは表情がほとんど変わらないのに，ふっと笑みを浮かべました。それから主任と母親は，日常会話から気軽にお話ができるようになりました。

　そんなある日，Dちゃんの母親から「どんなふうに付き合ったらいいのかわからんのよね」とポツリと話すようになりました。そこから，保育所で上手にできたことの話や「こんな声掛けだと，Dちゃんすぐにできますよ」など具体的な話をすることができるようになり，母親も，Dちゃんとの関係に変化が生まれ，送迎の時などニコニコとしている表情がみられるようになりました。担任の保育士も，Dちゃんの楽しい話やうれしい話を中心に母親に伝えるようにしていると，母親から話しかけられることがあるようになりました。すると保育所でDちゃんもあまり問題が起こさなくなってきました。

　このエピソードでは，園全体で一人ひとりの子どもの特徴や家族の状況について注意深く見守り情報交換することで，うまくコミュニケーションが取れなかったDちゃんの母親の得意なことを見つけて，関わりの糸口としています。まずは子どもの困った問題ではなく，保護者が心を開くきっかけをつくり，あせらず会話していくことが信頼関係につながる場合があります。

エピソード8－6　わが子の発達が気になる母親

　Eちゃんは3歳児で，母親はとてもEちゃんをとてもかわいがっています。育児に熱心で育児書を何冊も読み，発達のチェックもしています。Eちゃんになかなか言葉が出てこないことを母親はとても心配して，毎日送迎の時に「今日は何かしゃべりましたか？」と聞いてきます。そして「どこか相談に行ったほうがよいのでしょうか？」と毎日のように尋ねます。

エピソード8−6のように，わが子の発達が気になって仕方がないタイプの保護者については，療育につなげていくことが比較的容易であるかと思われます。しかし，保護者の不安は子どもに伝わるため，心が揺れる保護者を周囲が支えていくことが重要です。また，過度な不安がある場合は保護者に医療的なサポートが必要な場合もあり，保育者だけでは支えきれないこともあります。しかしまずは，どのような保護者であっても日常会話を笑顔で交わすことから，信頼関係をつくるきっかけにしていきましょう。信頼関係とは，単に仲よく話すということではなく，困った時に助けてくれる存在であることです。保護者が何かの時にSOSを出すことのできる相手が周りにいることは重要です。

3）親子の関係づくりを支援する

保護者は子どもの障害に対する情報を正確に理解していなかったり，本や研修などを通して知識としては理解していても，実際の子どもにどのように対応してよいのかわからないことが多くあります。近年，保護者も支援者という位置で考え，計画的に障害のある子どもへの支援方法を学ぶプログラムも行われていますが，すべての保護者に支援者としての資質があるとは限りません。また，エピソード8−6のEちゃんの母親のように熱心なタイプは，完璧を求めすぎて子どもがストレスを感じることもあります。そこで保育の中での経験をもとに，対応が難しい子どもの言動などへの対応を個々のケースに応じて伝えたり，家庭の中ではどのようにしているかを教えてもらうなど，負担が大きくならない程度から情報交換に努めることで，一人ひとりの障害の特性や気持ちに合わせた，上手な付き合い方を共有していくことが可能となり，子どもにとっても一貫した支援をつくっていくことができるでしょう。

▶（4）きょうだい児支援

エピソード8−7　障害のある子どものきょうだい児

年長組のFちゃんには障害のある2歳の弟がいます。お母さんお父さんも熱心に療育に取り組んで毎日弟のお世話にかかりっきりです。このごろFちゃんは保育所に行きたくないと登園時に泣くことが多くなりました。また保育所には自分のしたいことができなかったりするとお友だちとけんかをしたり，教室を出て行くことが見られるようになりました。先生が注意をすると「先生なんて大嫌い」といって泣き出したり，隅っこでうずくまったりして気になる行動が増えてきました。

このエピソードは，保護者が障害のある子どもの世話に多くの時間をとられ，きょうだい児[*4]と過ごす時間があまりなかったり，障害のあるきょうだいの世話を頼んだりすることが多いと，精神的な負担から様々な問題がでる場合があることを示すものです。時には福祉サービスなどを利用して，保護者がきょうだい児とじっくりと向き合う時間をつくることが必要です。きょうだい

*4　ここでは兄弟姉妹を包括的に「きょうだい」と表記し，障害のある子どもの兄弟姉妹を「きょうだい児」と表記する。

児は，障害のあるきょうだいの存在を通して学ぶことが多くあります。また，職業選択・結婚・出産など，年齢に応じて突き当たる壁は違ってきますが，障害のあるきょうだいの存在が影響することもあるでしょう。

　きょうだい児は，保護者の次に障害のある子どもの理解者でもありますが，無意識のうちに将来障害のあるきょうだいの世話をしなければならないという使命感を持ってしまうことがあります。きょうだい児を家庭内の支援者の一人として期待しがちになりますが，できるだけきょうだい児に将来的に負担がかからないように，サービスの利用プランを福祉サービスの専門家とともに少しずつ考えていくことも必要です。そして，保育者は，きょうだい児についても配慮が必要になる場合があることを知っておく必要があります。

2 保護者間の交流や支え合いの意義とその支援

（1）保護者間の交流や支え合い

　障害のある子どもを持った時，相談相手や気兼ねなく話せる人がいないことが多くあります。子どもに障害があることは「親のせいだ」と責められ，親戚にも話せないことがあるようです。そのようなこともあって，障害のある子どもの保護者同士の会（親の会）などがあります。同じ障害のある子どもを持つ保護者同士で，心置きなく不安や悲しみを話すことは，ピアカウンセリング[*5]として有用です。また，療育機関などで知り合った保護者同士でサークル活動を行っている場合もあります。

＊5　ピアカウンセリング
　ピア（peer）は，仲間・同輩・対等者の意であり，ピアカウンセリングとは，同じような立場・境遇にある人同士が，対等な立場で悩みや不安を話し，共感的に聞き合いながら，解決策を見出していくことを指す。

（2）保護者間の交流や支え合いの支援

エピソード8-8　保護者同士で集う会をつくったGさん

> 　Gさんたちは子どもの通園施設の保護者会で知り合いました。子どもの障害はそれぞれ違いましたが，保護者同士気が合い，通園施設を卒園してからも「集まりたいね」と障害児のサークル活動をたちあげました。月に1回土曜日の午後から活動を行い保護者同士でいろいろな愚痴や悩みごとを話し合う場をつくりました。

　このエピソードのように気の合った保護者同士で小さなサークル活動を行うことはよくみられ，保護者にとってはレスパイト[*6]の時間となっています。またレスパイトだけではなく，保護者同士の談笑の中から教育や福祉サービスの情報交換や，悩みの共有ができ保護者の孤立感を助けることもあります。また様々な障害の理解や，他の保護者の話から障害のある子どもの気持ちを理解するヒントとなることもあり，障害の受容を支えていくこともあるでしょう。

＊6　レスパイト
　一時的中断，延期，小休止などを意味する語。在宅で介護や育児をしている家族に，支援者が介護・育児を一時的に代替してリフレッシュしてもらうこと。

> **エピソード8－9**　Gさんたちの10年後
>
> 　Gさんたちのグループができて10年がたちました。障害の特性や家族の理解，経済状況によって違いが出てきています。Hさんの家ではパニック等の特に困りごとはなく子どもは通所施設に通い家庭で暮らしています。しかし，IさんとJさんは家庭での介護に限界を感じ，子どもはそれぞれの施設に入所しています。残りの2人はいろいろな問題を抱えつつも，子どもは家庭で暮らしている状況です。

　このように子どもたちの成長に応じて青年期になった時の状況はそれぞれ違いがあります。また，同じサークル内でもうらやましがったり，悲嘆にくれたりという状況が起こることがあり，同じ障害のある子どもを持つ保護者間だけでは悩みの解決にならないこともあります。そのよう場合はそれぞれの状況に応じた支援や福祉的なサービスが必要となります。

　また，保護者の障害受容が揺らぐことが多くあります。保護者が支援方法に悩んだり，孤立感や身体的な負担からくる疲労感を感じた場合，虐待などの事件につながるおそれもあります。保護者自身がSOSを出せるように，保育者は普段から保護者の気持ちに寄り添って話を聞き，障害のある子どもや家族にとって適切な解決策を一緒に模索する姿勢が重要となるでしょう。

　保育者はこうした活動を紹介することも重要になることがあります。

3　障害のある子どもを支援する制度と地域における連携・協働

　ここでは，障害のある子どもに対する母子保健や福祉制度における支援について学びましょう。

■（1）障害のある子どもと家族への福祉支援を行う相談機関

　運動や言葉の発達が遅れているKちゃんのエピソードから見てみましょう。

> **エピソード8－10**　運動や言葉の発達が遅れているKちゃん
>
> 　Kちゃん（1歳8か月）は最近歩けるようになりましたが，発声が少なく，言葉の理解ができていません。1歳6か月児健診で担当した保健師は母親に早期療育を勧めましたが，受けることに抵抗があったため，児童相談所を紹介しました。児童相談所の児童福祉司に相談したところ，Kちゃんと一緒に通園して保育士から養育方法も学ぶことができる親子通園の説明に納得し，児童発達支援センターへの通園が始まりました。

　Kちゃんのように発達に遅れがあると早期療育[*7]が必要になります。1歳6か月児健診等で障害を発見して早期療育を始めれば，障害の軽減や改善，発達の促進に効果があります[3]。次の機関が障害の発見や支援を担っています。

＊7　早期療育
　障害やその可能性のある乳幼児とその保護者が通園し，親子関係を築きながら発達を促し，障害の軽減を図る。

1）児童相談所

児童福祉法に基づき都道府県・政令指定都市に設置されており，中核市にも設置できます。家庭や学校等からの子どもに関する相談に児童福祉司[*8]，児童心理司[*9]，医師等が応じます。医学的，心理学的，教育学的，社会学的，精神保健上の調査と判定に基づき，子どもや保護者への指導や児童福祉施設入所等の措置，子どもを守るために家庭から隔離する一時保護等を行います。

2）保　健　所

地域保健法に基づいて都道府県，政令指定都市，中核市等に設置され，災害医療，感染症，難病，精神保健等の広域的・専門的サービスを担っています。また，子どもや妊産婦の保健に関する知識の普及，障害や疾病により長期の療育が必要な子どもへの指導，児童福祉施設に対する栄養の改善や衛生に関する助言，乳幼児健康相談，3歳児健診，子育て相談等を行っています。

3）市町村保健センター

地域保健法に基づいて市町村に設置されています。母子保健事業では，母子健康手帳[*10]の交付，新生児・妊産婦訪問指導，生後4か月までの乳児のいるすべての家庭を訪問して不安や悩みを聞き，子育て支援に関する情報を提供する乳児家庭全戸訪問事業（こんにちは赤ちゃん事業）等の保健指導や訪問指導，4か月児健康相談，1歳6か月児健診，3歳児健診も行っています。

4）福祉事務所

社会福祉法に規定され，市町村福祉事務所は老人福祉法，身体障害者福祉法，知的障害者福祉法，都道府県福祉事務所は生活保護法，児童福祉法，母子及び父子並びに寡婦福祉法の業務を担当しています。所内の家庭児童相談室[*11]では，社会福祉主事[*12]と家庭相談員[*13]が発達や障害への相談と指導を行います。

5）発達障害者支援センター

発達障害者支援法に規定された地域における発達障害への取り組みを総合的に行う機関で，都道府県・指定都市，都道府県知事等が指定した社会福祉法人，特定非営利活動法人等が運営しています。発達障害に関する相談への対応，発達支援と就労の支援，医療，保健，福祉，教育，労働等に関する業務を行う関係機関等への発達障害についての情報提供や研修・連絡調整を行います。

6）児童家庭支援センター

児童福祉法に基づいて児童福祉施設に併設され，子ども，家庭，地域住民への助言や指導，児童相談所や児童福祉施設等との連絡調整を行っています。市町村からの依頼に応じて，乳幼児健診，家庭訪問事業，発達障害児の支援教室への職員派遣，教員研修への講師派遣をします。また，児童相談所への定期的な通所が地理的に困難な子どもや定期的な訪問が困難な子ども，施設退所後間もない家庭について児童相談所より委託され相談援助を担っています。

＊8　児童福祉司
児童相談所の専門職員で，子どもや保護者などから福祉に関する相談に応じ，必要な支援を行う。

＊9　児童心理司
児童相談所等で障害，非行，虐待等への支援を要する子どもの心理判定や心理治療を行う。

＊10　母子健康手帳
母子への保健指導のために妊娠の届出を受け市町村が交付し，妊娠中，出産，乳幼児の発育について記録する。母子保健法に基づく。

＊11　家庭児童相談室
障害や虐待等の子どもの養育に関する家庭内の問題についての相談を受け支援を行う。

＊12　社会福祉主事
都道府県や市町村に設置の福祉事務所等でソーシャルワーカー（ケースワーカー）として相談援助に携わる。

＊13　家庭相談員
家庭児童相談室において，障害や虐待等の子どもの養育に関する問題についての相談に応じる職員。

■■（2）障害のある子どもと家族への療育[*14]による支援

自閉スペクトラム症があるＬちゃんのエピソードから見てみましょう。

エピソード8-11　自閉スペクトラム症があるＬちゃん

　Ｌちゃんは自閉スペクトラム症と診断されました。知的発達症もありますが，２歳の時に親子通園によって他児に関心を示すようになりました。３歳になって４月からは単独で児童発達支援を受けるようになり，保育士の働きかけにより他児と一緒に遊ぶことが増えています。

*14　療育
　障害やその可能性がある子どもに対し，発達の促進や障害の軽減を図りながら社会性を高め，自立や社会参加を目指して支援する取り組み。

*15　児童発達支援
　障害のある幼児を児童発達支援センター等に通わせ，日常生活動作の指導や集団療育等を行う。

*16　障害児支援利用計画
　障害のある子どもについての解決すべき課題と支援方針，利用サービスが記入された支援のための総合計画。

*17　放課後等デイサービス
　幼稚園と大学を除く学校教育法上の学校に就学する障害のある児童を授業後や休業日に児童発達支援センター等に通わせ，生活能力向上，社会との交流の支援を行う。第9章 p.149 参照。

*18　居宅訪問型児童発達支援
　重度障害のある子どもを訪問して日常生活動作や生活能力の向上の支援を行う。

*19　保育所等訪問支援
　第1章 p.18，第9章 p.148 参照。

　Ｌちゃんのように自閉スペクトラム症や知的発達症等の障害があると，障害児相談支援，障害児通所支援として児童福祉法による児童発達支援[*15]や障害児入所支援を受けられます。ここでは，その仕組みについて学んでいきましょう。

1）障害児相談支援

　児童福祉法に基づき，児童発達支援や放課後等デイサービス等の障害児通所支援を利用する障害のある子どもを対象に次の援助がなされています。

　障害児支援利用援助では，市町村の窓口への障害児相談支援の利用を申請後，心身の状況や環境，対象児や保護者の意向をふまえて障害児支援利用計画案が作成されます。利用が決定するとサービス事業者等との連絡調整がなされ，決定内容に基づく障害児支援利用計画[*16]が作成されます。

　継続障害児支援利用援助では，障害児通所支援の内容が適切かどうかを一定期間ごとにサービス等の利用状況を検証し，障害児支援利用援助計画を見直し，関係者への連絡調整等をします。市町村に申請して利用が決定されます。

2）障害児通所支援

　学齢前の子どもが利用する障害児通所支援には，児童福祉法に基づく児童発達支援，肢体不自由児を対象とした医療型児童発達支援，放課後等デイサービス[*17]，居宅訪問型児童発達支援[*18]，保育所等訪問支援[*19]があります。これらは，児童発達支援センターと児童発達支援事業所が行っています。支援を希望する保護者は居住している市町村に，支援の必要度を示す障害支援区分の認定を申請し，調査のうえ利用の可否が判断されます。

3）障害児入所支援

　障害児入所施設に身体障害，知的発達症，精神に障害のある子ども（発達障害を含む）を入所させ，保護，日常生活の指導，自活に必要な知識や技能の付与等の福祉サービスを行う福祉型，そして知的発達症，自閉スペクトラム症，肢体不自由，重症心身障害のある子どもに福祉サービスと併せて治療を行う医療型があります。

■■（3）障害のある子どもの自立や社会参加を促進する制度

　ここでは，障害のある子どもが自立した社会生活を営んでいけるようにしていくための制度について，脳性マヒがあるＭちゃんのエピソードから見てみましょう。

エピソード8−12　脳性マヒがあるＭちゃん

　Ｍちゃん（４歳）は脳性マヒと診断され，身体障害者手帳２級を持っています。Ｍちゃんの母親は所得が低いため絵本や玩具を買い与えることができない悩みを，通園している児童発達支援センターの保育士に話したところ，中等度の知的障害もあるため療育手帳も申請でき，障害児福祉手当を受給できるとの助言を受けました。申請すると重度と同様の等級がつき，特別児童扶養手当（後述）に加えて障害児福祉手当（後述）も受給できるようになりました。

※脳性マヒ：受精から生後４週までの間に，脳が外傷・酸素欠乏等によって引き起こされた四肢のマヒを示す運動機能の障害。

　このエピソードのＭちゃんのように障害があったり重複していたりすると，福祉サービスを受けるための手帳が発行され，所得制限以内であれば手当を受けることができます。特別児童扶養手当と障害児福祉手当を合わせて１か月に66,990円（平成31年４月現在）を受給し，絵本や玩具を購入できるようになりました。このような障害のある子どもと家族を支援する制度について学びましょう。

1）障害のある子どもと家族を支援する手帳

①　身体障害者手帳

　身体障害[20]を対象とする各種制度を利用する際に提示する手帳で，健常者と同等の生活を送るために最低限必要な援助を受けるための証明書です。医療費の助成，福祉手当の支給，雇用，所得税・住民税の控除，旅客運賃や公共料金の減免，日常生活用具の給付等の優遇措置の対象となります。

②　療育手帳

　児童相談所等で知的発達症と判定されれば受けることができ，指導・相談等の支援を受けやすくします。都道府県知事が交付し，ホームヘルパーの訪問援助，日常生活用具の給付等の福祉サービス，特別児童扶養手当の支給，所得税・地方税控除等の優遇措置の適用を受ける際に必要です。障害程度により身体障害者手帳を有する身体障害との重複障害を含め，知的障害が最重度から中等度まではＡ，中等度から軽度まではＢと区分されます。

③　精神保健福祉手帳

　対象となるのは精神疾患により生活への制約がある場合で，知的発達症のない発達障害のある子どもも受けることができます。２年ごとに医師の診断書とともに申請をして手帳を更新します。精神保健福祉センター[21]において能力

＊20　身体障害
　身体障害は「視覚障害」「聴覚又は平衡機能の障害」「音声機能，言語機能又はそしゃく機能の障害」「肢体不自由」「心臓，じん臓，呼吸器，ぼうこう又は直腸，小腸，免疫，肝臓の機能障害」に分かれ，障害程度は最も重い１級から６級までに区分されている。

＊21　精神保健福祉センター
　精神保健及び精神障害者福祉に関する法律に定められた都道府県（指定都市）における精神保健福祉の技術的中核機関で，関係機関への専門的指導，精神障害者保健福祉手帳の審査・判定・交付，心の悩みへの相談等を行っている。

＊22　能力障害と機能
　　　障害
　能力障害とは活動制限
の状態，機能障害とは精
神疾患の状態で，精神障
害者保健福祉手帳障害等
級判定基準に基づいて判
定する。

障害と機能障害＊22 の状態を判断し，支給の場合は等級も決定されます。自立支援として，公共料金等の割引，NHK 受信料の減免，所得税や住民税，相続税等の控除，自動車税や自動車取得税の軽減等の優遇措置を受けることができます。

2）障害のある子どもと家族を支援する手当

①　特別児童扶養手当

　特別児童扶養手当等の支給に関する法律に基づき，精神や身体に障害のある20歳未満の対象児の福祉増進を図るために保護者に支給される手当です。支給月額は，1級 52,200 円，2級 34,770 円です（平成 31 年 4 月現在）。1級は重度の障害，2級は中度の障害に該当します。なお，所得制限があります。また，対象児童が児童福祉施設等に入所している場合は支給されません。

②　障害児福祉手当

　重度障害のある子どもに対して負担の軽減のために福祉の向上を図る手当です。精神や身体の重度の障害により常時の介護を要する状態にある在宅の20歳未満の対象児に特別児童扶養手当に加えて支給されます。支給月額は 14,790 円となっています（平成 31 年 4 月現在）。なお，所得制限があります。

3）障害のある子どもと家族を支援する事業

＊23　障害児等療育支
　　　援事業
　訪問による療育指導，
外来による療育相談と指
導，保育所や障害児通園
事業等の職員への療育技
術の指導，療育機関に対
する支援をする。

　障害児等療育支援事業＊23 では，在宅の障害のある子どもと家族が安心して暮らせるように，療育指導や療育相談等の支援活動を行い，これらを支援する都道府県の療育機能との重層的な連携を図ります。

4）障害のある子どもと家族を支援する関係機関の連携

エピソード8-13　ADHD と診断された N ちゃん

　N ちゃんは保育所で落ち着きがなく，3歳児健診で保健師から児童相談所に相談するように勧められました。そこで注意欠如・多動症（ADHD）との診断を受け，児童発達支援センターを紹介されました。センターと保育所が隣接しているため，センターの児童指導員による送り迎えを含めた個別指導を週1回1時間程度受け，その日のうちに保育士と児童指導員との情報交換をしています。また，個別指導の日の夕方，保育所に迎えに来た母親に保育士と児童指導員が一緒に N ちゃんの発達の状況について話し合いをします。N ちゃんは園生活を楽しめるようになり，母親も安心して生活できるようになりました。

　N ちゃんのような障害のある子どもを支援する児童福祉施設や専門機関の種類は多様で，専門性にも相違があります。そのため，母子保健や児童福祉に関する相談機関，療育，手帳，手当等を適切に利用できるように関係機関の協力や連携の確保が求められます。市町村と都道府県だけでなく児童相談所や保健所に加えて，児童福祉施設，児童委員，社会福祉協議会，医療機関，学校，民間団体等の協力や連携を確保する重層的なネットワークが重要になります。

　現在，協働や連携が単発的に行われるのではなく，いつでも活用できるネッ

トワークや仕組みのレベルにまで発展させること，地域全体の各種支援のネットワーク同士を協働させて機能させていくことが求められています。このため，地域における見守りやつながりをつくるセーフティーネットの構築，様々な支援制度の活用を調整する支援，障害のある子どもと家族のニーズと福祉や医療等のサービスや機関を結びつけ，調整する支援が重視されています。

4　小学校等との連携

　小学校や特別支援学校（以下，小学校等と表記します）に入学することを就学と言います。就学は障害のある子どもの保護者にとって大きな関心事です。中でも年長児の保護者は，「わが子は小学校に入れるのだろうか」「小学校の勉強についていけるだろうか」「いじめられないだろうか」「特別支援学級がよいだろうか」「特別支援学校がよいだろうか」等々悩み，保育所や幼稚園等（以下，適宜，園と表記します）の先生に相談することが少なくありません。また，障害のある子どもにとって教育的ニーズに合った場に就学することは実り多い学校生活を送る上で大切です。そこで，以下では，障害のある子どもの就学を巡る支援（就学支援）を中心に，小学校等との連携について学びましょう。

（1）障害のある子どもの就学の場について知っておくことの必要性

年長児組担当の保育士2年目のP先生のエピソードを見てみましょう。

エピソード8-14　保護者からの就学先の相談

　O君は自閉スペクトラム症（アスペルガー症候群）の子どもです。P先生が担任になって4か月経ったある日，P先生はO君の母親から「いじめのない特別支援学校に就学させたいのですが，先生はどう思いますか」と相談を受けました。P先生はO君の普段の様子から小学校の通常の学級で少しばかりサポートを受けながらでやっていけるのではないかと考えていましたが，特別支援学校やそこでの支援の内容をよく知りませんでした。そのため，母親の相談にしっかりと答えることができませんでした。

　エピソード8-14は，保育者は，保護者からの就学相談にしっかりとのるためには，障害のある子どもの就学の場とそれぞれの就学の場における支援の内容やその違い等について知っておく必要があることを示しているでしょう。

▶（2）障害のある子どもの就学の場（特別支援教育の場）

障害のある子どもの就学の場には，「小学校の通常の学級」，「小学校の特別支援学級」，「特別支援学校（小学部）」という３つの場があります。以下，それぞれの場の特徴を見てみましょう。

1）小学校の通常の学級

小学校の通常の学級においては，以下の２つのタイプがあります。

① すべての授業を通常の学級で受けるタイプ

② ほとんどの授業は通常の学級で受け，困っている状態の改善や苦手な部分の克服のために週に１〜８時間程度，特別な場（通級指導教室）で個別指導中心の指導を受けるタイプ（通級による指導と呼ばれます）

①は子どもの状態に合わせた合理的配慮を受けることができますが，受けられる支援の濃度は，②の通級による指導や特別支援学級での支援の濃度と比べて一般的には薄くなります。②はほとんどの授業を通常の学級で受けますので，障害の程度は通常の学級での学習に概ね参加でき，一部特別な指導を必要とする程度です。対象となる障害は，「視覚障害」「聴覚障害」「肢体不自由」「病弱・身体虚弱」「言語障害」「学習障害」「注意欠陥／多動性障害」「自閉症」「情緒障害」の９つです（知的障害は含まれません）[*24]。

通級による指導の利点は，個別指導を通して障害からくる困難の改善・克服を目指しつつ（例えば，言語通級では子どもに正しい発音を練習します），同時に通常の学級の子どもたちと日常的に触れ合いながら成長していける点です。難点は，通級による指導は週１〜８時間程度の時間ですので，子どもによっては十分な効果があげることが難しいでしょう。在籍する小学校に通級指導教室が設置されていない場合は他校に通うことになりますが，保護者が送迎することになります（通級指導担当教員が出向いて指導を行う巡回指導を実施している自治体もあります）。①または②の就学を考えている保護者に中には，支援員の配置を希望する保護者がいます。支援員の配置は市町村や学校によって違います。教育委員会や就学予定の小学校に確認・相談することが大切です。

2）小学校の特別支援学級

通級による指導では十分な効果を上げることが難しい障害の軽度の子どもが対象となります。以下の７種類の学級があります（表8−1）。ただし，小学校ごとに設置されている学級の種類や学級数は異なります。

表8−1　特別支援学級の種類

・知的障害特別学級	・自閉症・情緒障害特別支援学級
・肢体不自由特別支援学級	・病弱・身体虚弱特別支援学級
・言語障害特別支援学級	・弱視特別支援学級　・難聴特別支援学級

*24　障害名について，本書は DSM-5 に準拠しているが，特別支援教育の制度としての通級による指導の対象となる障害名および特別支援学級の名称，特別支援学校の対象とする障害名については，文部科学省が使用している障害名で表記している。

　特別支援学級は，一人でも対象の子どもがいれば設置可能です。最大8名の学級編制です。障害特性等に応じた教育課程（指導計画）を編成して指導しますので，障害の種類ごとに異なる内容の授業が行われます。

> **エピソード8−15**　特別支援学級での学びと交流学級での育ち
>
> 　知的障害特別支援学級に在籍するQ君（4年生）は4年1組が交流学級です。Q君は朝の会と帰りの会は交流学級で過ごし，理科，音楽，体育，特別活動を交流学級の子どもたちと一緒に学習しています。4年1組の先生はQ君を4年1組の一員として接してきましたが，4年1組の子どもたちにもQ君が困っている時に自主的に手助けする姿が育ってきています。

　Q君は特別支援学級では知的障害に対応した授業[*25]を受けます。その一方で，4年1組の子どもたちと交流する時間を持ちます。

　特別支援学級在籍になると，通常の学級の子どもたちとの触れ合いの機会がなくなるのでないかと心配する保護者がいますが，特別支援学級在籍の子どもは同学年の通常の学級を交流学級として持ち，交流したり一緒に学習したりします（交流および共同学習と言います）。ただし，交流および共同学習の実施は一人ひとりの子どもの障害等の状態に合わせて，その有無や時間，内容等が異なります。

3）特別支援学校（小学部）

　特別支援学校は，「視覚障害」「聴覚障害」「知的障害」「肢体不自由」「病弱（身体強弱を含む）」の5つの障害のうち，主に障害の程度が中度以上の子どもを対象とします[*26]。知的障害を伴う自閉スペクトラム症のように，5つの障害のいずれか1つ以上を併せもつ場合（重複障害）も対象です。

　5つの障害のうち，1つの障害だけに対応した特別支援学校もあれば，2つ以上の障害に対応した特別支援学校もあります。特別支援学校の多くは，小学部・中学部・高等部から構成されており，1クラス当たりに在籍している人数は，小学部と中学部は最大6名，高等部は最大8名です（重複障害の場合は3名）[*27]。

　特別支援学校の利点は，個に応じた専門的な指導・支援を受けられる点，現在および将来の自立に向けた支援が充実している点でしょう。難点は，特に地方都市では家から遠距離であったり送迎バスサービスがなかったりする場合は保護者による送迎の負担がある点，交流および共同学習の機会はあるものの地域の小学生と触れ合う機会は少なくなる点でしょう。

■（2）就学相談と就学までの流れ

1）就学相談とその流れ

　就学相談とは，障害のある子どもの就学先について保護者が教育委員会に相

* 25　知的障害のある子どもの学習上の特性をふまえ，教科別・領域別の指導の他に，各教科等を合わせた指導をする。日常生活の指導，遊びの指導，生活単元学習，作業学習がある。

* 26　就学基準（学校教育法施行令第22条の3）に示されている。なお，学校教育法施行令の改正（2013年）により，「特別支援学校の就学基準に該当する児童生徒等は原則，特別支援学校に就学する」とするルールは廃止され，就学基準は特別支援学校への就学が認められる条件として位置づけられる。

* 27　公立の特別支援学校小・中学部は「公立義務教育諸学校の学級編制及び教職員定数の標準に関する法律（義務標準法）」，高等部は「公立高等学校の適正配置及び教職員定数の標準等に関する法律（高校標準法）」，幼稚部は「学校教育法施行規則第120条第1項」で規定している。

談するというものです。市町村教育委員会はそのための就学相談会（各市町村で呼び方が違います）を開催します。そこで保護者は就学先の希望を出し，教育委員会の担当者と話し合います。就学相談会の時期や回数等は各市町村教育委員会で違いますが，時期は就学前年の夏休み前後から始まる場合が多いようです。その間，教育委員会は子どもの様子を詳細に知るために園での子どもの様子を観察したり保護者の相談に乗ったりします。その後，教育委員会にある「教育支援委員会」等と呼ばれる委員会で子ども一人ひとりの就学先について審議を行い，就学先を判断します。その結果を翌1月末までに各家庭に知らせます。一例としてR市の就学相談の流れを見てみます（表8－2）。

表8－2	R市の就学相談の流れ	
年中児	《11月》「子育て・発達相談会」	
年長児	《6月上旬》第1回就学相談	《8月下旬》第2回就学相談

　R市の就学相談会は，6月と8月の2回です。1回目は保護者の意向や子どもの状態の把握，2回目は保護者の意向の最終的確認等をします。R市では就学相談は年中児の時点から始まります。年中児の11月という早目の時点で子育て・発達相談を通して保護者と教育委員会が顔を合わせ，年長児になってからの就学相談に円滑につながるようしているのでしょう。

　さて，現在，就学相談においては「本人・保護者に十分情報提供をすること」「本人・保護者の意見を最大限尊重すること」「教育的ニーズと必要な支援について合意形成を行うこと」になっています。また，市町村教育委員会は，就学の場を「障害の状態」「教育上必要な支援の内容」「地域における教育の体制の整備の状況」「保護者および専門家の意見」等を勘案し，総合的な観点から判断すること，になっています。

エピソード8－16　総合的な観点から障害のある子どもの就学先を判断する

　地方都市に住むS君は，慢性疾患があり特別支援学校（病弱）の就学基準に該当する年長児です。市の就学相談会のおり，保護者は特別支援学校（病弱）が教育上はベストの選択と考えていました。しかし，S君のご家庭ではお父さんの仕事の関係で母親がS君の送迎をすることになるのですが，S君の家から県内に1校しかない特別支援学校（病弱）は自動車で片道50分の距離にありました。S君は3人兄弟の長子で下に2人の弟がいるため，母親にはこの距離の毎日の送迎は困難でした。そこで，市の教育委員会では，S君の就学の場を小学校の病弱・身体虚弱特別支援学級と判断し，S君の校区の小学校に病弱・身体虚弱特別支援学級を新設して対応することにしました。

エピソード 8 - 16 において，S君の就学先は，保護者の意見等を尊重して
総合的な観点から判断した結果といえるでしょう。なお，学習の場について
は，入学後も，通常の学級・特別支援学級・特別支援学校間の双方向の転学・
転級が制度的に認められています。

2）就学相談における保育者の役割

保護者の多くには就学相談の申し込み方法（保護者が教育委員会へ申し込む方
法と園を通じて申し込む方法等がある）をはじめ，就学までの流れや小学校等の
特別支援教育についてあまり知られていないのではないでしょうか。また，就
学相談会で教育委員会から何を言われるのか心配したり就学先を決めかねてい
たりする保護者，父母間の意見が異なる家庭もあります。

保育者は，保護者の心配や葛藤に寄り添うこと，情報を提供できることが大
切です。保護者は希望する就学先に対して見学や不安・要望等の相談をしてお
くことが大切でしょう。

エピソード 8 - 17　保護者の就学の相談にのる

保育所年長組に在籍するT君は発達障害のある子どもです。入所当初，集団参加が困難で，
自分のやりたいことをして過ごす姿が多くみられましたが，3年保育を通して大きく成長しま
した。それでも両親は不安や心配を持ち，就学先について悩みました。そのような時，担任の
U先生の勧めで，母親は特別支援教育を大切にしているという評判のある隣接校に相談に行き
ました。その日，あちこち見て回るT君に対して，教頭先生から「T君はとってもエネルギー
がありますね。伸びますよ」と言われました。母親にとって教頭先生のような肯定的な見方を
してくれる人は初めてでした。教頭先生の言葉に感激され，T君をこの小学校に就学させるこ
とに決めました。

エピソード 8 - 17 のU先生のように，保護者に情報を提供できたり，保護
者に付き添って学校見学したりすることが大切となる場合があります。

（3）小学校等との連携

子どもにとって，小学校等の学校生活へのスムーズな移行と就学後の確かな
成長につながるよう，園での支援を小学校等に引き継ぐことが大切です。小学
校等も，園での様子や発達・生活上の課題，支援方法や配慮点等を把握してお
きたいでしょう。

引き継ぐための文書として，保育所児童保育要録，幼稚園幼児指導要録，認
定こども園こども要録の小学校への送付が義務付けられています。また，保育
所児童保育要録や幼稚園幼児指導要録等では書き込めない，より具体的な姿や
成長の歩み，支援方法の詳細等を記載するための移行支援に関するシートを作
成している場合も多くあります。一例として，以下の4点が，保育所児童保育

要録において保育士と小学校教員が共に記入の必要度が高いとする内容です⁴⁾。引き継ぐための文書作成の際，踏まえておくとよいでしょう。

① 人の話を聞くことや自分の言いたいことを話すことができるか

② 仲のよい友だちがいるか

③ 排泄や食事等の生活習慣が身に付いているか

④ 人とのコミュニケーションはとれているか

しかし，上記のような文書では伝わらない点もあるでしょう。したがって，入学前に小学校等の先生と園の先生あるいは/および保護者とが直接会って情報交換をしたり，小学校等の先生が園での子どもの様子を見に来た上で園の先生と情報交換したりすることが大切でしょう。

エピソード8-18　小学校と連携して入学の準備をする

自閉スペクトラム症のV君（年長児）は，新しい場や見通しが立たない場に強い不安を感じる子どもです。V君は自閉症・情緒障害特別支援学級に就学先が決まりました。3月になるとV君の母親は週1回，V君を就学予定の小学校に連れて行って一緒に学校内を見て回ったり遊んできたりしました。また，入学式前には担任の先生と会ったり体育館（会場）見学をしたりした上で，入学式当日を安心して迎えました。

エピソード8-18では，V君のような小学校等の適応に困難が予想される場合，就学先の決定後，小学校等と連携して，小学校等に慣れるために子どもを小学校に連れて行って見学したり遊んできたり先生と話をしてきたりすることも大切になるでしょう。

❋ 演習課題 ❋

❶ 子どもの発達が気になる保護者，子どもの障害を受け止めかねている保護者に対し，保育者に求められる姿勢はどのようなものであるか，考えてみましょう。

❷ 障害のある子どもの保護者同士が支え合うメリットは何か，それに対して保育者がどのように関わることができるか，考えてみましょう。

❸ エピソード8-11のLちゃんは単独で児童発達支援を受けるようになり，他児と一緒に遊ぶことが増えています。Lちゃんを担当する保育士にはどのような働きかけや配慮が求められるのでしょうか。話し合ってみましょう。

❹ エピソード8-14を読んで，保育者として，O君のお母さんの相談に，どのような応答をするとよいのか考えてみましょう。

コラム

お母さんの思い　　【児童発達支援センターでの実習】

　私が実習でお世話になった施設では，小集団保育と個別の療育をしていました。また，特徴的なのは母子通園と言って，お母さんと子どもで保育に参加するという原則がありました。はじめは，母子通園に抵抗を感じた私でしたが，お母さんたちは温かく迎えてくださり，楽しく実習を行うことができました。

　ここに通う子どもたちには，様々な障害がありました。知的発達症や自閉スペクトラム症，肢体不自由などがあり，なかには複数の障害がある子どももいました。障害の程度もそれぞれ違う中で，一人ひとりに合った個別での療育についても見学させていただきました。責任実習も経験させていただき，改めて子どもたちと楽しみながら何かをすることの大切さを学びました。

　そんな中で一組の親子と親密になることができ，お母さんと話す機会がありました。その子どものお母さんは，障害を持って生まれたその子と生きていく楽しさを私に教えて下さいました。それと同時に，辛さを感じることがあることも話して下さいました。

　はじめは，子どもに話し掛けても通じなかったり，子どもが奇声を上げたり，他の子とは違う遊びをしたりすることに悩みを抱えていたそうです。しかし，施設に通うようになり，様々な障害がある子どもたちやその両親に出会うことで，今までの考え方が変わったと言っていました。施設に通う前は，手足が動かないことで子どもの自由が奪われているのではないか，障害がこの子を不自由にさせているのではないか，そう感じていたそうです。しかし，個別の療育などで一つの遊具に集中している姿があったり，椅子に座っていられる時間が長くなったり，自分のことを「ママ」と呼んでくれたりするなど，普段家の中で過ごしていたらわからなかったその子の一面をたくさん見ることができ，希望や期待が大きくなっていったそうです。

　障害については様々な意見があります。認めてくれる人もいれば，否定する人もいます。しかし，みんな同じ人間なのだから支え合って生きていくことができると思います。悩みや不安もあると思いますが，たくさんの理解と愛でその子たちを包んで，家族と周囲と笑顔の絶えない未来を一緒に支えていきたいと思いました。たくさん泣いて悩んできた分，もっと笑顔で希望を絶やさずに生きていけるように，私たちはサポートしていけるのではないかと思いました。

【学生M．Ｙ．】

（出典）小竹利夫：実習エピソードでつづる　子どもや障碍がある人の心の世界，川島書店，2016

■引用文献■

1）杉山登志郎：子ども虐待という第四の発達障害，学研，2007，p.16
2）上田敏：障害の受容―その本質と諸段階について，総合リハビリテーション8巻7号，1980，pp.515-520
3）松山郁夫・米田博編著：障害のある子どもの福祉と療育，建帛社，2005，p.37
4）寺田清美：保育所児童保育要録を中心とした保小連携推進事業報告書，日本保育協会，2011，p.140

■参考文献■

・伊藤喜余子・野口啓示：家庭支援論，ミネルヴァ書房，2017
・尾崎康子他：よくわかる障害児保育，ミネルヴァ書房，2010
・尾崎康子・三宅篤子編著：知っておきたい発達障害の療育，ミネルヴァ書房，2016

・社会福祉士養成講座編集委員会編：新・社会福祉士養成講座〈15〉児童や家庭に対する支援と児童・家庭福祉制度〔第7版〕，中央法規，2019
・社会福祉士養成講座編集委員会編：新・社会福祉士養成講座〈14〉障害者に対する支援と障害者自立支援制度〔第6版〕，中央法規，2019
・櫻井慶一・宮﨑正宇編著：児童家庭ソーシャルワーク，北大路書房，2017
・笠師千恵・小橋明子：相談援助・保育相談支援，中山書店，2014
・社会福祉士養成講座編集委員会編：新・社会福祉士養成講座〈9〉地域福祉の理論と方法 第3版，中央法規出版，2015，p.155
・厚生労働統計協会：国民の福祉と介護の動向 2019/2020，2019
・社会福祉法規研究会編：社会福祉六法 2019 年版，新日本法規出版，2018
・文部科学省初等中等局特別支援教育課：教育支援資料―障害のある子供の就学手続と早期からの一貫した支援の充実―，2013
・藤永保（監修）：障害児保育―子どもとともに成長する保育者を目指して―〔第2版〕，萌文書林，2015

第9章

障害のある子ども等の保育・教育に関わる現状と課題

1 障害のある子ども等への保健・医療・福祉における現状と課題

（1）障害のある子ども等に対する母子保健施策

低出生体重児*¹のＡちゃんのエピソードから見てみましょう。

エピソード9－1 低出生体重児のＡちゃんと母親への支援

Ａちゃん（0歳）は低出生体重児（未熟児）でしたが，定期的に保健師が家庭を訪問してＡちゃんの健康状態の確認した後，子育ての不安や悩みについての相談に応じてくれるので，母親は安心して子育てができています。

Ａちゃんのような乳児がいる家庭を訪問して，健康状態の確認や保健指導を行う仕組みは，母子保健法*²に基づく未熟児訪問指導です。日本の母子保健施策は「健康診査と保健指導」，「訪問指導」，「保健・医療」に分けられます。

1）健康診査と保健指導

① 乳児健康診査

発達状況の確認，異常の早期発見と健康相談のために，指定医療機関で問診・診察，尿検査，血液検査，3か月から6か月時に先天性股関節脱臼，先天性心疾患，悪性腫瘍等の発見や離乳食の指導，9か月から11か月時に精神・行動発達のチェック，離乳指導，育児・生活指導，予防接種受診勧奨を行います。

② 1歳6か月児健康診査（1歳6か月児健診）

市町村保健センター*³等で1歳6か月以上から2歳になる前までに問診と診察が行われます。障害の早期発見，生活習慣の自立，虫歯予防，栄養指導，育児指導として，身体発育・栄養，身体の疾病異常，歯の疾病異常，行動・言語・発達の異常，予防接種実施状況等をチェックします。

③ 3歳児健康診査（3歳児健診）

3歳以上で4歳になる前までに行います。心身の発達を確認し，病気や障害の早期発見，育児相談を目的に，問診，身長・体重計測，内科診察，歯科診察，耳鼻科診察，育児相談，尿検査，視力検査等をします。身体に異常があれば専門医，発達や情緒に関する障害の疑いがあれば児童相談所を紹介します。

*1 **低出生体重児**
出生時体重が2,500 g未満であるため発育に応じた養育への支援が必要な乳児。

*2 **母子保健法**
1965（昭和40）年に施行。乳幼児と母親の健康の保持・増進を図るために，母子健康手帳の交付・妊産婦と乳幼児への訪問指導・健康診査等について定めている。

*3 **市町村保健センター**
第8章 p.125 参照。

④　乳幼児保健指導

市町村保健センター等が健康診査で把握した発育・発達の経過や健康問題の情報をもとに，子育てに必要な情報を提供して健全な発育・発達を促し，養育者が安心して子育てできるように支援します。

⑤　就学時健康診断

学校保健安全法に基づき，市町村が子どもの就学前に行う健康診断で，内科検診，眼科検診，耳鼻科検診，歯科検診，視力検査，聴力検査，知能検査が行われます。障害があり特別な支援が必要な場合，就学相談を受けるように指導されます。

2）訪 問 指 導

①　新生児訪問指導

母子保健法に基づき，新生児の発育，栄養，生活環境，疾病予防等育児上重要な事項の指導のため，生後28日以内（里帰りの場合は60日以内）に保健師や助産師が訪問して相談に応じます。

②　乳児家庭全戸訪問事業（こんにちは赤ちゃん事業）

児童福祉法に定められた事業で，対象は生後4か月を迎える日までの乳児がいるすべての家庭です。市町村が育児に関する不安や悩みへの相談，乳児と保護者の心身の様子や養育環境の把握，提供サービスの検討，関係機関との連絡調整等を行い，乳児家庭の孤立を防ぎ，健全な育成環境の確保を図ります。

③　未熟児訪問指導

母子保健法に基づき，出生時の体重が2,500g未満もしくは養育上必要があると認める時は，低出生体重児の健やかな成長・発達を支援します。保健師や看護師が家庭を訪問し，発育に応じた保健や養育，産婦の心身に関する相談に応じます。

3）保健・医療

①　母子健康手帳

母子保健法に定められている市町村が交付する手帳です。妊娠した者は速やかに市町村に妊娠の届出をし，それを受けて母子健康手帳が交付されます。

②　予防接種

ワクチン（抗原物質）を接種し，病原体の感染による発病，障害，死亡を防ぎます。予防接種の時期は母体から受けた免疫効果の減少，感染症にかかりやすい年齢等を考慮して設定され，百日せきを含む4種混合ワクチンは生後3か月，麻しんを含む麻しん風しん混合ワクチンは生後12か月となっています。

③　未熟児養育医療

入院して養育を受ける必要があると医師が認めた出生時体重2,000グラム以下の乳児，生活力が特に弱い乳児が対象です。対象となる給付は，指定された

医療機関における診察，薬剤または治療材料の支給，医学的処置・手術等の治療，病院や診療所への入院と療養に伴う世話や看護，移送となっています。

④　産科医療補償制度

産科医療補償制度に加入している病院で出産し，「出生体重 2,000 g 以上かつ妊娠 33 週以上」や「妊娠 28 週以上で所定の要件に該当した場合」の新生児で，身体障害者等級が 1 級か 2 級相当の重度脳性マヒの場合に，補償がなされます。

⑤　新生児マススクリーニング

母子保健法に基づき，先天性代謝異常*4等を新生児での早期発見・早期治療によって障害の発生を予防する検査です。内分泌疾患*5 2 疾患・代謝異常症 18 疾患が主な対象です。

例えば，フェニルケトン尿症と診断された場合，アミノ酸の一種であるフェニルアラニンをチロシンに変える酵素の働きが弱いため，身体にフェニルアラニンが蓄積されて知的障害が進行しますが，食事療法で過剰なフェニルアラニンを摂取しなければ知的障害になることはありません。

⑥　自立支援医療（育成医療）

手術等で障害の改善が見込まれる子どもを対象に，指定医療機関で治療し，医療費を一部公費負担する制度です。

⑦　小児慢性特定疾病医療費の支給

小児の発育や生命に重大な影響を及ぼす慢性腎疾患や慢性心疾患等で高額な治療費を要する「小児慢性特定疾病」に関する調査研究の推進や療養環境の整備，自立支援の推進，医療費助成制度の整備のため医療費助成の対象が拡大され，2018（平成 30）年 4 月現在，756 疾病になっています。児童福祉法に基づき医療にかかる費用の一部を助成し，医療費の負担軽減を図っています。

⑧　利用者支援事業（母子保健型）

保健師，助産師等が関係機関のスタッフと連携して，妊娠・出産・子育てに関する相談に応じ，妊娠期から子育て期まで切れ目のない支援します。障害等で早期支援が必要なケースには，支援プランを作成して支援へつなげます。

⑨　病児保育事業

家庭で保護者が養育できない子どもで，入院加療を要しない病気中か病気回復期の場合に利用できます。2015（平成 27）年に未就学児のみだった対象に小学生を加え，第 2 種社会福祉事業*6になりました。病児対応型*7，病後児対応型*8，体調不良児対応型*9，非施設型*10があります。

■■（2）保育所等における障害児保育の現状と課題

知的発達症がある B 君のエピソードから見てみましょう。

＊4　先天性代謝異常
代謝に要する酵素や身体の発育・働きを調節するホルモンの生まれつきの欠乏により代謝の働きが阻害され，放置すると障害が発生する可能性がある。

＊5　内分泌疾患
体内のホルモンの異常により起きる病気を内分泌疾患と総称する。

＊6　第2種社会福祉事業
主として在宅サービスで，比較的利用者への影響が小さいために公的規制の必要性が低い事業。経営主体に制限がなく，すべての主体が届出をすることにより事業経営ができる。

＊7　病児対応型
病気の回復期までには至らないが，当面症状が急変しないとみられる子どもを対象とする。

＊8　病後児対応型
病気の回復期で集団保育が困難な子どもを対象とする。

＊9　体調不良児対応型
保育中に体調不良となった子どもを対象とし，保育所等で緊急的に対応する。

＊10　非施設型
自宅において病気や病気の回復期の子どもを対象とする。

エピソード9−2　統合保育を受けている知的発達症があるB君

　　知的発達症があるB君（5歳・男児）は統合保育※を行っている保育所へ通園していますが，他児と遊ぶことが苦手です。隣接する児童発達支援センターで週に1回40分程度の遊戯療法※を受けることになり，興味のある遊びを楽しむようになりました。担当者同士の情報交換も密になされ，保育所で他児と一緒に笑顔で遊ぶB君の姿がみられるようになりました。

※統合保育：障害のある子どもと障害のない子どもが一緒に園生活を送り，お互いの健やかな成長を目指す保育形態。
※遊戯療法：遊びを主なコミュニケーション手段や表現手段として行われる心理療法で，遊びを通じて情緒的安定や発達を促す。

＊11　障害児保育事業実施要綱
　各市区町村が策定し，障害児保育の対象児の要件を，障害の程度が障害を有しない児童との統合保育が可能と認められる場合としている。

＊12　児童養護施設
　様々な事情により家庭による養育が困難な子どもを養護し，健やかな成長や自立を目指して支援を行う児童福祉施設。

＊13　訪問支援員
　訪問支援員は指定居宅訪問型児童発達支援事業所に所属する3年以上直接支援業務に従事した理学療法士，作業療法士，言語聴覚士，看護職員，保育士，児童指導員，心理指導担当職員である。

　　B君のような障害のある子どもの保育の場は，保育所等の児童福祉施設や児童発達支援事業所等もあります。そこでは，子どもの問題に関する家庭環境や地域の環境等の社会的要因について検討することが大切です。統合保育は，各市区町村の障害児保育事業実施要綱＊11に基づく認定会議等によって，集団保育で発達が促進されると判断された中度から軽度の障害が対象です。子ども同士がお互いを認め合いながら成長できるように，保育の質を考え高めていくことが求められます。また，家庭・地域社会・関係機関との連携や協働が不可欠で，保育所が自らの役割や専門性を方向づけする必要があります。

（3）障害児支援ニーズの多様化への対応

　　児童養護施設＊12での生活が苦手なCちゃんのエピソードから見ていきます。

エピソード9−3　児童養護施設において集団生活が苦手なCちゃん

　　児童養護施設に入所しているCちゃん（4歳・女児）には発達障害があり，他児と仲よく遊ぶことができるようになることが課題です。そこで，児童発達支援センターの保育士が訪問し，児童養護施設の職員に対してCちゃんへの働きかけについて助言指導を行っています。

　　障害児支援ニーズの多様化へ対応するため児童福祉法が改正され，2018（平成30）年4月から次の1）から3）までの支援が定められました。障害者総合支援法と発達障害者支援法による施策も実施されています。

1）居宅訪問により児童発達支援を提供するサービス

　　「居宅訪問型児童発達支援」では，訪問支援員＊13が外出困難な重度の障害等がある子どもの居宅を訪問し，発達支援として日常生活動作の指導，知識技能の付与，生活能力の向上に必要な訓練を行います。また，重症心身障害児等で通所支援を受けるために外出が困難な場合は，居宅を訪問して感覚訓練や言語理解等の訓練を実施しています。

2）保育所等訪問支援の支援対象の拡大

　　保育所等訪問支援の対象が，乳児院や児童養護施設に入所している障害のあ

る子どもにも拡大されました。療育施設における指導経験のある児童指導員や
保育士が施設を訪問して，集団適応への支援や，当該施設の職員への障害特性
に応じた支援内容や関わり方についての助言等の支援をします。

3）医療的ケアを要する障害のある子どもを支援するための体制の充実

新生児特定集中治療室（NICU）での命に関わる早産児，低出生体重児，疾
患のある新生児への集中管理・治療により，人工呼吸器の装着や胃ろう[*14]，
たんの吸引や経管栄養等，医療的ケアが必要な障害のある子ども（医療的ケア
児）が増えています。児童福祉法では居宅で心身の状況に応じた支援を受けら
れるように，地方自治体が保健，医療，福祉，関連分野の支援機関との連携に
努めることを定め，在宅看護や保育所への看護師配置等を促しています。

4）障害者総合支援法による施策

障害者の日常生活及び社会生活を総合的に支援するための法律（障害者総合
支援法）[*15]に基づく支援（表9-1）は，障害のある子どもにも適用されます。

表9-1	障害者総合支援法に基づく支援の種類

障害福祉サービス	
居宅介護	ホームヘルパーが訪問し，入浴，排泄，食事等の介護，調理，洗濯，掃除等の家事，生活に関する相談・助言等生活全般の援助をする。
同行援護	視覚障害によって移動に困難を有する場合，外出時に同行し，移動に必要な情報の提供や，移動の援護等，外出時に必要な援助をする。
行動援護	知的発達症等により一人で行動することが著しく困難で，常時介護を要する場合，外出時の危険回避，移動中の介護等の援助をする。
短期入所	自宅で介護をする人が病気等で，児童福祉施設等に短期間入所を要する場合，短期間入所し，入浴・排泄等の介護をする。
重度障害者等包括支援	常時介護が必要で意思疎通が難しい場合，サービス利用計画に基づき，居宅介護等の複数のサービスを包括的に行う。
市町村生活支援事業	
移動支援事業	障害により単独で外出困難な場合，余暇活動や社会参加のためヘルパーを派遣し，移動の介助や外出に伴って必要な介護を行う。
日中一時支援	障害があるのに日中の監護者が不在で，一時的に見守り等の支援を要する場合，活動の場を確保して家族の就労支援や休息を図る。
自立支援医療（育成医療）	
育成医療として障害を除去・軽減する手術等の治療により効果が期待できる身体障害のある子ども等の医療費の負担軽減を図る公費負担医療制度。	

5）発達障害者支援法による施策

2005（平成17）年に施行された発達障害者支援法には，発達障害の早期発見
や支援を行う国と地方自治体の責務，自立と社会参加のための支援，発達障害
者支援センターの設置等が定められました。2016（平成28）年の改正では，発

＊14　胃ろう
　身体機能の障害や低下によって食事ができなくなった場合に，腹部に穴を開けて胃にカテーテルを通して栄養を摂取する方法。

＊15　障害者総合支援法
　この法律は，障害児者が基本的人権を有する個人としての尊厳にふさわしい日常生活や社会生活を営むのに必要な支援を総合的に行うことで福祉の増進を図るとともに，障害の有無にかかわらず国民が相互に人格と個性を尊重し安心して暮らすことのできる地域社会を実現することを目的としている。

達障害の早期発見や発達支援から生涯にわたる切れ目のない支援を行う体制の整備，可能な限り健常な子どもと共に教育を受けられる配慮，個別の支援計画の作成と個別の指導に関する計画の作成の推進が定められました。

■（4）障害のある子ども等への保健・医療・福祉における課題

　重症心身障害児・医療的ケア児には24時間の看護や介護が不可欠です。在宅診療や訪問看護等の医療的ケアだけでなく，介護をしている保護者の心理的・身体的負担を減らす保護者同士での情報交換や，息抜きができるレスパイト施策の充実を図らなければなりません。このように障害のある子どもと兄弟姉妹を含む家族全体を支援するためには，質の高い療育や保護者同士が安心して子育ての悩みや不安を語り合える居場所づくりも含めて，保健・医療・福祉等の関係機関が連携し，生涯にわたる切れ目のない支援ができる仕組みが必要になります。したがって，現在，地域における障害のある子どもの成長に応じて関わる支援機関の連携や同時期に関わる支援機関のつながり，各支援機関同士の情報連携の仕組み，ライフステージ[16]に応じた多様なニーズに応える保健・医療・福祉サービスの提供体制，障害のある子どもと家族が孤立しないように支援者が互いに重なり合う支援体制を構築することが課題になっています。

＊16　ライフステージ
　人間の生涯における幼児期・児童期・青年期・壮年期・老年期などの各段階のことで，各段階で異なる生活環境に応じた生活スタイルや考え方に変化していく必要がある。

2　特別支援教育における歴史と現状

　歴史をさかのぼると江戸時代の寺子屋では，障害のある子どもも学んでいたことが報告されています。その後，幕末から明治初期にかけて，海外使節団等により障害のある子どもの教育の情報が伝えられました。本節では，学制発布後の特殊教育・特別支援教育に関する学校教育の歴史を中心に学びます。

■（1）日本の障害児教育の歴史

1）障害児教育の黎明期（戦前）

　わが国の障害のある子どもの「学校に関する規定」は，1872（明治5）年「学制」によって初めて示されました。その後の明治・大正・昭和初期の障害児教育の歴史を見ていきましょう。

①　盲・聾教育の始まり

　1878（明治11）年に京都盲唖院[17]が創設されたのが，盲・聾教育の始まりです。1900（明治33）年の小学校令[18]改正で，盲・聾児の学級が設けられましたが，多くの学校は担任不足等，安定した運営には至りませんでした。

　大正期に入ると，徐々に小規模の盲唖学校が増加してきました。1923（大正

＊17　京都盲唖院
　日本最初の盲唖学校の通称。

＊18　小学校令
　森有礼文部大臣のもと，1886（明治19）年に第一次小学校令が公布後，1890（明治23）年に改めて小学校令が公布され，従前の小学校令は廃止された。その後，1900（明治33）年8月20日に全部改正された（第三次小学校令）。

12）年には，「盲学校及聾唖学校令」が制定され，盲・聾唖学校を小・中学校と同様に位置づけ，その設置義務を道府県に課したことで，私立学校の道府県立移管が進められ，徐々に障害のある子どもへの関心が高まっていきました。

② 知的障害教育の始まり

さて，知的障害教育はどうだったのでしょうか。皆さんはテレビドラマ化もされた，山下清のことを知っていますか。少し紹介しておきます。

理解者との出会いで絵の才能を開花させた「山下清」

山下清は，1922（大正11）年に生まれ，1971（昭和46）年に生涯を閉じた知的発達症の日本の画家です。3歳の頃に重い消化不良で命の危険に陥り，言語障害と知的発達症の後遺症を患いました。小学校ではいじめられることが多かったようです。

勉強についていけない清は，12歳の頃に知的障害児施設「八幡学園」へ預けられ，この学園で「ちぎり紙細工」に出会い，顧問医であった精神病理学者式場隆三郎の指導を受けることで才能を開花させました。

展覧会での清の作品は人々の賛嘆を浴び，梅原龍三郎も高く評価しました。18歳の時に突如放浪の旅へと出ますが，この時のリュックサックを背負う姿がテレビドラマなどで描かれています。戦後は「日本のゴッホ」と称賛され，「裸の大将」と呼ばれたのも有名です。清は驚異的な映像記憶力の持ち主で，「花火」「桜島」など行く先々の風景を，多くの貼絵に残しています。

知的発達症もあり山下清の生涯は波乱ずくめで，教育も十分に受けられていません。しかし，絵の才能を開花させてくれた式場氏等との出会いがあり，世界でも認められる画家になったのです。式場こそ清のキーパーソンと言えるでしょう。清の生きた時代はどのようなものだったのか，続いて知的障害教育の歴史を見ていきましょう。

1890（明治23）年，長野県松本尋常小学校に学業不振の子どもの特別な学級が設置されたのが，知的障害特別学級の始まりです。1907（明治40）年の文部省訓令により，師範学校附属小学校に知的障害児のための特別な学級が設置されましたが，あまり長くは続かなかったようです。

この時期の特別な学級は，障害のない児童の教育課程を使い，懇切丁寧に教えることが中心で，知的障害教育独自の教育内容や方法を伴うものではありませんでした。1922（大正11）年頃からは，公立小学校に学業不振児や知的障害のある子どものための特別な学級が設置されました。まさに山下清が誕生した時です。1940（昭和15）年には，知的障害教育のために大阪市立思斉学校が設置され，特別な学級等は，「養護学級」「養護学校」と称されました。

③　肢体不自由教育，病弱・身体虚弱教育の始まり

肢体不自由教育は，明治30年代（1900年前後）以降，ヨーロッパから整形外科学が入ってきたことが始まりです。1921（大正10）年，東京市小石川区に肢体不自由施設「柏学園」が設立され，肢体不自由教育が本格的に始まります。

身体虚弱のための学級は，1926（大正15）年，東京市鶴巻尋常小学校の学級が初めで，最初の公立の病弱養護学校として，門司市立白野江養護学校が設置されたのは，戦後1950（昭和25）年のことです。

このように，障害がある子どもの教育は，式場氏のような個人による努力から公立学校への設立へと徐々に変化していきます。

２）特殊教育の時代（戦後）

①　学校教育法の公布と特殊教育

第二次大戦後，1947（昭和22）年に学校教育法が公布されました。学校教育法第71条[19]において，「盲・聾・養護学校は，幼稚園，小学校，中学校，高等学校に準ずる教育を施すとともに，障害に基づく種々の困難を克服するための必要な知識や技能を授けること」が目的とされました。しかし，戦後の混乱の中で義務教育の延長，盲・聾・養護学校の未整備という理由から施行は延長されました。

②　盲・聾・養護学校の義務化

盲・聾学校は，1948（昭和23）年度に義務化されましたが，養護学校については，1963（昭和38）年に精神薄弱学習指導要領が公布されたものの，重度・重複の障害のある子どものほとんどが就学猶予・免除の対象になりました。

養護学校における教育が完全義務化されたのは，1979（昭和54）年で，重度・重複の障害のある子どもたちが養護学校に入学できるようになり，訪問教育[20]も開始されました。戦後の特殊教育は，養護学校教育の完全義務化以降，著しく発展をしていきます。

３）特殊教育から特別支援教育への転換（平成以降）

①　「通級による指導」の制度化

特殊学級は，学校教育法第75条[21]で規定されたものの，これは戦前の小学校等に設けられた特別の学級や養護学級の系譜を引き継ぐものでした。特別支援教育の始まりは，1993（平成5）年の「学校教育法施行規則第73条の21第1項の規定による特別の教育課程」[22]による「通級による指導」の制度化です。通級による指導とは，小・中学校の通常の学級に在籍している軽度の障害のある子どもに対して，主として各教科等の指導を通常の学級で行いながら，障害に応じた特別の指導（「自立活動」「各教科の補充指導」）を通級指導教室で行う教育形態です。その後，2006（平成18）年に施行された「学校教育法施行規則の一部を改正する省令」により，発達障害である自閉症と心因性の情

＊19　学校教育法は，連合国軍の占領統治の下，日本国憲法制定後の議会であった第92回帝国議会によって教育基本法などとともに制定された。当時の第71条は，現在の第72条に当たる。

＊20　訪問教育
心身の障害が重度または重複しているため，特別支援学校などへ通学して教育を受けることが困難な児童・生徒に対して，教員が児童・生徒の居住している家庭・病院・施設等へ訪問して教育することをいう。

＊21　この時の学校教育法第75条は，現在の学校教育法第81条に当たる。

＊22　現在の学校教育法施行規則第140条に当たる。

緒障害が分類され，学習障害や注意欠如／多動症が通級による指導の対象として加えられました。

なお，通級による指導は義務教育段階で進められてきましたが，その効果と必要性により，2018（平成30）年度からは，高等学校でも実施が始められるようになっています。

②　特別支援教育の始まり

2001（平成13）年に，文部科学省により「特別支援教育」という呼称が採用され，2007（平成19）年4月1日に出された文部科学省初等中等教育局長による「特別支援教育の推進について（通知）」で，次のように示されました。

> 特別支援教育は，障害のある幼児児童生徒の自立や社会参加に向けた主体的な取組を支援するという視点に立ち，幼児児童生徒一人一人の教育的ニーズを把握し，その持てる力を高め，生活や学習上の困難を改善又は克服するため，適切な指導及び必要な支援を行うものである。
>
> また，特別支援教育は，これまでの特殊教育の対象の障害だけでなく，知的な遅れのない発達障害も含めて，特別な支援を必要とする幼児児童生徒が在籍する全ての学校において実施されるものである。
>
> さらに，特別支援教育は，障害のある幼児児童生徒への教育にとどまらず，障害の有無やその他の個々の違いを認識しつつ様々な人々が生き生きと活躍できる共生社会の形成の基礎となるものであり，我が国の現在及び将来の社会にとって重要な意味を持っている。

この通知により「特別支援教育」は本格的に動き出し，それぞれの場での具体的な実施や評価を積み重ねながら現在に至っています。

（2）特別支援教育の現状と課題

少子化で子どもの数は減少していますが，特別支援学校に在籍している幼児・児童・生徒と，小・中学校の特別支援学級および通級による指導を受けている児童・生徒は年々増加しています。

2017（平成29）年5月1日現在，義務教育段階の児童・生徒（1,009万人）のうち0.7％が特別支援学校の小・中学部で教育を受けています。また，2.4％の児童・生徒が小学校や中学校の特別支援学級で，1.1％の児童・生徒が通級による指導を受けています。合計すると約42万人で，義務教育段階の児童・生徒の約4.2％になります（文部科学省，2018年）。

さらに，文部科学省が2012（平成24）年に公立小・中学校を対象に調査した結果では，通常の学級において発達障害の疑いのある児童・生徒が6.5％程度在籍していることも報告されています。幼稚園等の段階においてもこの数値と同等以上の幼児が在籍していても不思議はありません。

1）幼稚園等における特別支援教育

　これまで学んできたように，わが国の障害のある子どもの教育は，徐々に進展してきましたが，実際の学校現場等では，その対応に困惑している先生方の話は絶えません。

　次のエピソードは，保育者の相談内容ですが，あなたはどのような感想を持つでしょうか。

エピソード9－4　統合保育での保育者の困惑

　私は自閉スペクトラム症のD君（男児・年中児クラス）を担当していますが，D君は友だちとの関わりの時に，押したり，爪を立てたりするので，相手を傷つけてしまうことが頻繁にあります。私は，そのたびに「だめでしょ」といつも叱ってしまいます。専門機関に相談しましたが，集団の中でD君ばかりに関わることはできず，なかなか助言の通りにはできません。最近では，周りの保護者から，「あの子は変わった子」「危険な子」「他の園に移らせてほしい」という声が多くなりました。今後どうしたらよいのかわからず，自信がなくなっています。

　この保育者は一人で悩んで，支援に対しての自信を失っています。見逃せないのは，周囲の保護者がD君を「排除」しようとする状況です。この保育所は数年前から，統合保育を行っているのですが，このままでは，統合保育の利点が生かされません。早急に園全体で組織的に対応する必要があります。

　次から，障害のある子どもの保育の形態について理解し，幼稚園等における特別支援教育の展望を考えていきましょう。

　①　分離保育

　児童発達支援センター，特別支援学校幼稚部，障害児入所施設で行われる保育は，障害のある子どもだけを集めて訓練等を行っており，「分離保育」と呼ばれます。そこでは，障害のある子どもへの対応に詳しい保育者が，子ども一人ひとりの特性に合わせた環境の中で支援するため，より専門的な保育が期待できます。

　②　統合保育

　現在多いのは，障害のある子どもとない子どもを同じ場所で保育する「統合保育」です。この利点としては，障害のある子どもは，周りの子どもから刺激を受けて発達が促され，障害のない子どもは，多様性を受け入れることや，困っている人を自然に手助けすることが学べます。しかし，障害に合わせた設備が整っていない場合や障害児保育に対する保育者等の理解や技術が十分でない場合は，子どもや保育者，保護者に不必要な負担がかかってしまいます。エピソード9－4はまさにこの状態です。

　③　インクルーシブ保育

　近年は，「インクルーシブ保育」に注目が集まっています。「統合保育」で

は，障害のある子どもを障害のない子どもに合わせようとしたり，逆に特別扱いをしすぎたりすることが問題点です。「インクルーシブ保育」では，特別な支援を必要とする子どもは，障害のない子どもと同じ成長を求められるのではなく，その姿のままで必要な支援を受け，保育や教育に参加できます。この実現には，障害に対する保育者の保育技術や子ども観，施設の設備，周囲の偏見や差別意識など，取り組むべき課題が多く残されています。

2）幼稚園等における特別支援教育の今後の展望

①　早期からの計画性のある保育

時間と空間が共有されただけで，障害のある子どもが，「お客さん」のように扱われてしまっては意味がありません。障害のある子どももない子どもも共に育つ環境設定が課題であり，双方の子どもの教育的ニーズに対応した保育内容・方法を十分に検討して，早期から組織的，計画的，継続的に実施することが大切となります。

②　幼保小の接続

幼稚園等での子どもの様子等を小学校につなぐことは幼稚園等の重要な役割です。特に，障害のある子どもに対しては，第7章で学んだ「指導計画」「個別の支援計画」を作成し，子どもの変容を記録して評価する取り組みを継続し，その結果を小学校に引き継ぐことが大切です。ただし，保護者と十分話し合い，不必要な情報を伝えすぎない配慮も必要となります。

③　他機関との連携の考え方

「他機関との連携」で，知っておきたいことは，関係機関の助言をそのまま実施しようとしてもうまくいかない場合もあるということです。保育の中では，子どもたちが「楽しい」「心地よい」と感じることで，意欲的なコミュニケーションが成立します。保育者は，関係機関の助言を大切に受け止める姿勢を持ちながらも，保育現場の実態に応じて助言等をアレンジして実施する必要があります。極端に困惑したり，自信をなくしたりしないで，支援をグレードアップしていくという姿勢を持つことが大切です。このことは，エピソード9－4の保育者にも伝えてあげるとよいでしょう。

　以上，障害のある子どもの保育・教育は確実に進んできたことを学びましたが，保育・教育面に医療面等を含め，障害のある子どもの保育・教育の課題はまだ多く残されています。子どもを「認め」「ほめ」「大事に」することで，子どもやその保護者の笑顔が増え，支援する人々のやりがいにつながるような未来を関係者全員で切り開いていきましょう。

3 支援の場の広がりとつながり

　障害のある子どもの場合，主に保育所や幼稚園，認定こども園に通い，小学校や特別支援学校へと，年齢段階ごとに保育や教育の場を移していきます。こうした保育や教育の場と並行あるいは連携する，「保育所等訪問支援」や「放課後等デイサービス」，「民間サービス」といった支援の場の広がりがあり，また，つながりがあります。

　支援の場は，それらが独立して機能するのではなく，子どもを中心として有機的に関係していくことが重要です。子どもの将来を見据えた上で，「今，どのような支援が必要で，どのように広げて，次につなげていくのか」と考えることが必要なのです。

　ここでは，主に代表的な支援の場を紹介しますが，支援の種類を知るだけでなく，これらを活用していかにして子どもの成長や発達に寄り添っていくのか考える材料の一つとして理解してください。

（1）保育所等訪問支援

1）保育所等訪問支援とは

　保育所等訪問支援は，保育所等訪問支援事業所の理学療法士，作業療法士，言語聴覚士，保育士といった資格を持つ訪問支援員が，保育所等を巡回して支援するサービスです。このサービスの申請者は，子どもの保護者です。対象は，①保育所等の施設に通っていること，②集団生活に適応するために専門的な支援が必要である子どもとなります。この場合，医学的診断や障害者手帳の有無は問われません。

2）保育所等訪問支援のサービス内容（支援内容）

　通常，巡回指導では，巡回先の機関に対して専門的な助言を行うことになっていますが，保育所等訪問支援では子ども本人への直接支援を基本とする事業です。実際に訪問先の保育・教育活動の妨げにならないように集団活動の中に入り，子どもの特性や環境に配慮しながら本人に働きかけたり，スタッフに関わり方や活動の組み立てなどを教示したりします。

　家庭だけでは見えにくい発達上の課題，障害児通所支援で身に付けたことが実生活で反映されにくいケース，保育所等の職員だけでは専門的な対応が難しい場合などに対して，フォローを行う形になります。サービスと家庭のつながり，またはサービスとサービスの連携を支援する働きをするといってよいでしょう。

エピソード9−5　　おいしく食べるために　　　　　　　【ある幼稚園での出来事】

　年中クラスに，箸を使うことが難しく，スプーンやフォークを使う手もたどたどしく給食がなかなか進まない子どもがいました。保護者に自宅の様子を尋ねてみると同じような状態で，時々手づかみして食べることもあるようです。保育者は，指導することで食事への興味が低下しないかと心配して，専門家の意見を求めるために保育所等訪問支援サービスを申し込むことになりました。訪問時には，専門スタッフが食事場面や遊び場面を観察した上で，本人の食べる気持ちが低下しないように配慮しながら，補助具（握りやすいスプーン）を目の前で使って見せました。すると本人は，そのスプーンに興味を抱き，以前より給食がスムーズになりました。また，手先の動作については遊びの場面で様々な動きのある活動を取り入れることを勧められ，園や家で取り入れることになりました。

■（2）放課後等デイサービス

1）放課後等デイサービスとは

　障害のある子どもたちの放課後や夏休み等の支援の充実を求める声に応えるよう，2012（平成24）年に児童福祉法の一部改正により「放課後等デイサービス」が創設されました。概要は「学校に就学している障害のある子どもに対して，放課後や夏休み等の長期休暇中において，生活能力向上のための訓練

表9−2　放課後等デイサービス設置数

年度	事業所数
2014	5,267
2015	6,971
2016	9,384
2017	11,301

各年10月1日時点

等を継続的に提供することにより，学校教育と相まって障害児の自立を促進するとともに，放課後等の居場所づくりを推進すること」となっています。対象は学校教育法に規定する学校（幼稚園，大学を除く）に就学する障害のある子どもです。このサービスを受けなければ何らかの福祉を損なう可能性があると認められた場合は満20歳まで利用できます。現在，その需要は増えつつあり，2014年から2017年にかけて事業所数は約2倍になっています（表9−2）。

2）放課後等デイサービスのサービス内容（支援内容）

　放課後等デイサービスの基本的な役割に，①子どもの最善の利益の保障，②共生社会の実現に向けた後方支援，③保護者支援，の3つの柱があります。

①　子どもの最善の利益の保障

　具体的には学校や家庭とは異なる時間，空間，人，体験等を通じて，個々の子どもの状況に応じた発達支援を行うことで健全育成を目指すものです。よく休日になるとサービスを受けている子どもたちが指導員といっしょに公園などに出かけている姿を見ます。これも社会体験の一つとなります。

②　共生社会の実現に向けた後方支援

　子どもの地域社会への参加・インクルージョンを進めるため，他の子どもも含めた集団内での育ちをできるだけ保障しようとするものです。必要に応じて放課後児童クラブ等との連携を図って地区の行事に参加することがあります。

③　保護者支援

＊23　ペアレント・トレーニング
　親と子の良好なコミュニケーションの形成を目的とした技法。

　具体的な内容としては，子育て相談，ペアレント・トレーニング*23，レスパイトサービス*24があります。これらの活動で保護者を支援することによって保護者が子どもに向き合うゆとりと自信を回復することが，子どもの発達に影響を及ぼすと期待されています。

エピソード9-6　子どもにやさしく向き合いたい　　　　【保護者の時間を保障】

　E君（男児・7歳）の母親は，いつもE君を最優先で生活をしています。ある日，母親が疲れた表情で担任に相談してきました。

　話をよく聞くと，「息子のことがかわいくて仕方ないんです。でもこの子の発達のことを考えるといつも気がかりで，自分のことには構っていられません。趣味はあるのですが時間をつくれません」という訴えでした。そこで，担任はE君が普段利用している放課後等デイサービスに，本人への支援はもちろん，母親のレスパイトについても検討できないか相談しました。

　その後，母親はE君をデイサービスに預け，趣味のために隣町まで出かけサークル活動へ参加することができました。母親はサークル活動から帰ってきてE君にその様子を話すと，E君は「お母さん，よかったね。僕もデイサービスで宿題頑張ったよ」と元気に答えてくれました。母親は安堵の表情を浮かべました。

＊24　レスパイトサービス
　レスパイト（respite）とは，休息・息抜き・小休憩といった意味を持つ。レスパイトサービスは，乳幼児や障害児・者，高齢者の介護や世話を一時的に代行し，家族が休んだり，リフレッシュしたりする機会をつくるサービスを指す。

　障害のある子どもを担当している保育者がレスパイトサービス等の内容を知っておくことは，保護者支援の観点から大切であると言えるでしょう。

▶（3）民間のサービス（支援活動）

1）求められる民間サービス

　行政を中心とした公的なサービスは制度改正などを経て充実してきましたが，充実してきたからこそ見えてくる課題もあります。学校生活，放課後の生活については先述した通りですが，家庭生活における趣味や余暇活動なども子どもにとっては大切な営みです。公的機関も様々なサービスを展開していますが，日常生活の中の何気ない場面において細やかなサービスが受けられるのが民間サービスの特徴でしょう。

2）民間のサービス情報

　民間サービスには数多くの種類があり，最近では，外出先で割引や支援を受けられるサービスも増えています。一方で，習いごとや塾については，障害のある子どもの受け入れが難しいケースも聞かれます。個別指導があったとしても，障害特性に応じた指導を受けられないなどの声もあります。多様化しているニーズに応えられる情報は限られており，保護者にとって同じような状況にある保護者間の情報交換（口コミ）が頼りになることも多いようです。

障害児の理美容サービス

　　NPO 法人セルフは，佐賀県佐賀市を中心として活動している団体です。障害のある子どもの中には様々な事情で理美容を受けることの苦手な子もいます。セルフでは完全予約制で個人の時間を大切にしています。

　　NPO セルフでは当初，普通の美容室や床屋に行けないことで悩んでいた子どもの自宅を訪問してヘアカットをしていました。それが口コミで広がり，現在は NPO として営業を続けています。ヘアカットを受けるのが苦手な子どもに対して，映像を見せながらカットしたり，カットの手順を見せたりするなど様々な工夫と配慮をすることで，これまでヘアカットに抵抗のあった子どもも安心してカットできるようになっています。また，理美容の傍ら，ボランティア講座や障害のある子どもの余暇支援活動といった，地域のボランティアと障害のある子どもとその保護者を結びつける役割も果たしています。

❋ 演習課題 ❋

❶　エピソード９－２で，児童発達支援センターの遊戯療法でＢ君が興味のある遊びを楽しむようになったと聞いた担当保育士は，Ｂ君と周りの子どもたち，他の保育士に対して，どのような働きかけをすればよいでしょうか。話し合ってみましょう。

❷　「特別支援教育」とはどのようなものなのか（内容・対象・意義）について，「特殊教育」との違いからまとめてみましょう。

❸　民間サービス情報を得るためにどのような方法があるか，話し合ってみましょう。

■参考文献■
・松山郁夫編著：子どもの発達援助の実際と福祉，中央法規，2005，pp.13-14
・青井倫子・曽川理恵：特別な配慮を必要とする幼児に対する健常児の理解や態度の形成，愛媛大学教育学部紀要，65，2018，pp.1-12
・櫻井慶一・宮崎正宇編著：児童家庭ソーシャルワーク，北大路書房，2017
・厚生労働統計協会編：国民の福祉と介護の動向 2018/2019，2018
・社会福祉士養成講座編集委員会編：新・社会福祉士養成講座〈15〉児童や家庭に対する支援と児童・家庭福祉制度〔第 7 版〕，中央法規，2019
・社会福祉士養成講座編集委員会編：新・社会福祉士養成講座〈14〉障害者に対する支援と障害者自立支援制度〔第 6 版〕，中央法規，2019
・川合紀宗・若松昭彦・牟田口辰己編著：特別支援教育総論，北大路書房，2016
・大塚玲編著：教員をめざすための特別支援教育入門，萌文書林，2015
・牧野桂一編著：福岡県保育士等キャリアアップ研修テキスト―障害児保育―，総合健康推進財団，2018
・厚生労働省：保育所等訪問支援の効果的な実施を図るための手引書，2017

✳ 索　引 ✳

▶ 英　字

WHO ……………………………………… 8
ICF ………………………………………… 8
ICIDH ……………………………………… 8
PC ウォーカー ………………………… 24
SRC ウォーカー ………………………… 24
AAC ………………………………… 26, 78
VOCA ……………………………… 26, 78
IQ ………………………………………… 27
ST ………………………………………… 33
dB ………………………………………… 44
ADHD …………………………………… 64
DSM-5 ……………………………… 56, 64, 69
LD ………………………………………… 69
ADL ……………………………………… 73
OECD …………………………………… 85
PDCA サイクル ………………………… 95
NISU …………………………………… 141

▶ あ　行

愛着 ……………………………………… 82
愛着障害 ………………………………… 88
アセスメント ………………………… 113
アタッチメント ………………………… 82
暗順応障害 ……………………………… 38
育成医療 ……………………………… 139
石井筆子 ………………………………… 11
石井亮一 ………………………………… 11
異食 ……………………………………… 89
1 歳 6 か月児健康診査 …………… 124, 137
医療的ケア ……………………………… 79
医療的ケア児 ……………………… 79, 142
胃ろう ………………………………… 141
インクルーシブ教育 ……………… 13, 146
インクルージョン ………………… 10, 13, 17
インテグレーション ……………… 10, 13
エコラリア ……………………………… 57

エンパワメント ………………………… 84
大島分類 ………………………………… 73
オーシャンスキー …………………… 119
音韻意識 ………………………………… 71
音韻同化 ………………………………… 51

▶ か　行

外国人の家庭 …………………………… 86
外耳 ……………………………………… 44
外耳道閉鎖症 …………………………… 45
外傷性難聴 ……………………………… 45
開鼻声 …………………………………… 50
蝸牛 ……………………………………… 44
学習障害 ………………………………… 69
拡大読書器 ……………………………… 43
角膜 ……………………………………… 38
下肢 ……………………………………… 21
過食 ……………………………………… 89
柏学園 ……………………………… 11, 144
柏倉松蔵 ………………………………… 11
学校教育法 ………………………… 11, 144
家庭児童相談室 ……………………… 125
家庭相談員 …………………………… 125
加配保育士 …………………………… 107
感音性難聴 ……………………………… 45
感覚過敏 ……………………………… 100
感覚の発達 ……………………………… 66
感染性内耳炎 …………………………… 45
緘黙 ……………………………………… 88
気管カニューレ ………………………… 79
気管切開 ………………………………… 76
吃音 ……………………………………… 52
気になる子ども ……………………… 88, 120
機能障害 ……………………………… 128
教育課程 ………………………………… 91
教育基本法 ……………………………… 14
教育支援委員会 ……………………… 132
きょうだい児 ………………………… 122

京都盲唖院 ……………………… 10, 142

京都盲唖保護院 ………………… 10

居宅訪問型児童発達支援 ………126, 140

筋緊張障害 …………………………… 74

筋ジストロフィー ………………… 21

屈折異常 …………………………… 38

屈折矯正 …………………………… 41

経管栄養 …………………………… 74

髁プレート ………………………… 42

月案 ………………………………… 91

限局性学習障害 …………………… 69

健康管理 …………………………… 108

言語障害 …………………………… 49

言語障害通級指導教室 …………… 52

言語聴覚士 ………………………… 33

原始反射 …………………………… 74

構音障害 …………………………… 49

構音操作の誤学習 ………………… 51

構音遅滞 …………………………… 50

口蓋裂 ……………………………… 50

虹彩欠損 …………………………… 38

拘縮変形 …………………………… 74

喉頭原音 …………………………… 49

高ビリルビン血症 ………………… 45

合理的配慮 ……………………… 15, 114

誤嚥 ………………………………… 74

股関節脱臼 ………………………… 74

国際障害者年 ……………………… 12

国際障害分類 ……………………… 8

国際生活機能分類 ………………… 8

孤女学院 …………………………… 11

個人情報の保護に関する法律 …… 114

骨形成不全症 ……………………… 21

子ども食堂 ………………………… 86

子供の貧困対策に関する大綱 …… 85

子どもの貧困対策の推進に関する法律 …… 85

個別の教育支援計画 ……………… 92

個別の支援計画 ………………… 92, 113

個別の指導計画 …………………… 92

鼓膜 ………………………………… 44

コミュニケーションボード ……… 26

混合性難聴 ………………………… 46

■ さ 行

サラマンカ声明 …………………… 13

3歳児健康診査 …………………… 137

三半規管 …………………………… 44

視覚障害 …………………………… 38

視空間認知 ………………………… 70

耳硬化症 …………………………… 45

耳垢栓塞 …………………………… 45

耳小骨 ……………………………… 44

視神経萎縮 ………………………… 38

視神経欠損 ………………………… 38

肢体不自由 ………………………… 21

視中枢障害 ………………………… 38

市町村保健センター ……………… 125

児童家庭支援センター …………… 125

児童虐待 …………………………… 82

児童虐待の防止等に関する法律 ……… 82

指導計画 …………………………… 91

児童心理司 ………………………… 125

児童相談所 ………………………… 125

児童発達支援 …………………… 74, 126

児童発達支援センター …………… 126

児童福祉司 ………………………… 125

自閉スペクトラム症 …………… 2, 56

視野狭窄 …………………………… 38

週案 ………………………………… 91

就学時健康診断 …………………… 138

就学相談 …………………………… 131

重症心身障害 ……………………… 73

羞明 ………………………………… 38

主訴 ………………………………… 93

障害児相談支援 …………………… 126

障害児通所支援 …………………… 126

障害児入所支援 …………………… 126

障害児福祉手当 …………………… 128

障害者基本法 ……………………… 15

障害者差別解消法 ………………… 15

障害者の権利に関する条約 ……… 15

障害者の日常生活及び社会生活を
　総合的に支援するための法律 ……… 141

障害受容 …………………………… 118

障害を理由とする差別の解消の推進に
　　関する法律 ……………………………… 15
上肢 …………………………………………… 21
情緒応答性 ………………………………… 118
情緒障害 ……………………………………… 88
褥瘡 …………………………………………… 22
食物アレルギー …………………………… 109
書見台 ………………………………………… 42
触覚 …………………………………………… 43
自立支援医療 ……………………………… 139
視力障害 ……………………………………… 38
神経性習癖 …………………………………… 89
神経発達障害 ………………………………… 64
人工内耳 ………………………………… 46, 110
新生児特定集中治療室 …………………… 141
新生児訪問指導 …………………………… 138
新生児マススクリーニング ………… 12, 139
身体障害 …………………………………… 127
身体障害者手帳 …………………………… 127
身体的虐待 …………………………………… 82
身辺整理 ……………………………………… 97
心理的虐待 …………………………………… 82
水晶体 ………………………………………… 38
頭蓋顔面奇形 ………………………………… 45
ストレングス ………………………………… 84
スモールステップ ……………………… 30, 68
生活機能 ……………………………………… 9
聖三一孤女学院 ……………………………… 11
精神保健福祉センター …………………… 127
精神保健福祉手帳 ………………………… 127
性的虐待 ……………………………………… 82
世界保健機関 ………………………………… 8
絶対的貧困 …………………………………… 84
全体的な計画 ………………………………… 91
選択性緘黙 …………………………………… 88
先天性股関節脱臼 …………………………… 21
先天性代謝異常 …………………………… 139
先天性内耳形成不全 ………………………… 45
早期療育 …………………………………… 124
相対的貧困 …………………………………… 84
側音化構音 …………………………………… 51
側彎 …………………………………………… 74

た　行

体幹 …………………………………………… 21
体調不良児対応型 ………………………… 139
第 2 種社会福祉事業 ……………………… 139
タイポスコープ ……………………………… 42
タイムスリップ現象 ………………………… 61
ダウン症候群 ……………………… 2, 29, 34
高木憲次 ……………………………………… 21
滝乃川学園 …………………………………… 11
多文化共生社会 ……………………………… 86
段階モデル ………………………………… 119
単眼鏡 ………………………………………… 42
チック ………………………………………… 89
知的障害 ……………………………………… 27
知的能力 ……………………………………… 27
知的発達症 …………………………………… 27
知能指数 ……………………………………… 27
注意欠如・多動症 …………………………… 64
中耳 …………………………………………… 44
中心暗点 ……………………………………… 38
中枢神経系 …………………………………… 70
聴覚障害 ……………………………………… 44
聴器毒性薬物 ………………………………… 45
聴神経 ………………………………………… 44
通常の学級 ………………………………… 130
低出生体重児 ……………………………… 137
適応能力 ……………………………………… 27
デジベル ……………………………………… 44
伝音声難聴 …………………………………… 45
てんかん発作 …………………………… 73, 109
統合保育 ………………………………… 92, 146
導尿 ……………………………………… 22, 79
特殊教育 …………………………………… 144
特別支援学級 ……………………………… 130
特別支援学校 ……………………………… 131
特別支援教育 ………………………………… 14
特別支援教育 ……………………………… 145
特別支援教育コーディネーター ………… 113
特別児童扶養手当 ………………………… 128
突発性難聴 …………………………………… 45
ドローター ………………………………… 119

な 行

内耳 …………………………………… 44
内分泌疾患 ……………………………… 139
日案 ……………………………………… 91
二分脊椎症 ………………………… 21, 110
乳児家庭全戸訪問事業 ………… 125, 138
乳幼児健康診査 ………………………… 137
認知特性 ………………………………… 66
ネグレクト ……………………………… 82
年案 ……………………………………… 91
粘膜下口蓋裂 …………………………… 50
脳性マヒ …………………………… 21, 127
ノーマライゼーション ………………… 10

は 行

白内障 …………………………………… 109
発達障害者支援センター ……………… 125
発達障害者支援法 ……………………… 141
半規管 …………………………………… 44
反響言語 ………………………………… 57
ピアカウンセリング …………………… 123
微細運動機能 …………………………… 70
病児保育事業 …………………………… 139
貧困家庭 ………………………………… 84
貧困ライン ……………………………… 84
フェニルケトン尿症 ……………… 28, 139
福祉事務所 ……………………………… 125
副籍制度 ………………………………… 17
不登園 …………………………………… 88
不登校 …………………………………… 88
分離保育 ………………………………… 146
ペアレント・トレーニング ……… 19, 150
ペルテス病 ……………………………… 21
偏食 ……………………………………… 89
保育カンファレンス …………………… 113
保育士キャリアアップ研修 …………… 113
保育所等訪問支援 ………… 126, 140, 148
放課後等デイサービス ………… 126, 149
法定研修 ………………………………… 113
訪問教育 ………………………………… 144
訪問支援員 ……………………………… 140

保健所 …………………………………… 125
歩行器 …………………………………… 24
母子健康手帳 ……………………… 125, 138
母子分離不安 …………………………… 88
母子保健法 ……………………………… 137
補聴器 …………………………………… 45

ま 行

マルトリートメント …………………… 57
慢性的悲哀 ……………………………… 119
未熟児訪問指導 ………………………… 138
未熟児網膜症 …………………………… 38
未熟児養育医療 ………………………… 138
盲学校 …………………………………… 11
盲学校及聾唖学校令 ……………… 10, 143
網膜 ……………………………………… 38
網膜色素変性 …………………………… 38

や 行

山下清 …………………………………… 143
ユニバーサルデザイン ………………… 13
養護学級 ………………………………… 143
養護学校 ………………………………… 11
幼児音 …………………………………… 50
幼稚園幼児指導要録 …………………… 133
要保護児童対策地域協議会 …………… 84
横浜訓盲院 ……………………………… 10
予防接種 ………………………………… 138

ら 行

ライフステージ ………………………… 142
リソース ………………………………… 95
リトミック ……………………………… 102
療育手帳 ………………………………… 127
緑内障 …………………………………… 109
ルーペ …………………………………… 42
レスパイト ………………………… 123, 150
聾学校 …………………………………… 11

わ 行

ワーキングメモリ ……………………… 71

〔編著者〕　　　　　　　　　　　　　　　　　　　　　　　　〔執筆分担〕

小竹　利夫　　高崎健康福祉大学人間発達学部 教授　　　第1章1，第2章1，第6章2
（こたけ　としお）

芳野　正昭　　佐賀大学教育学部 教授　　　　　　　　　第5章，第8章4
（よしの　まさあき）

矢野　洋子　　九州女子短期大学 主幹教授　　　　　　　第4章1，第8章1・2
（やの　ようこ）

猪野　善弘　　九州女子短期大学 特任教授　　　　　　　第6章3，第7章3・5
（いの　よしひろ）

〔著　者〕（五十音順）

井手　裕子　　北九州市立引野ひまわり学園 保育士　　　第7章2
（いで　ゆうこ）

内川　義和　　国際医療福祉大学保健医療学部 准教授　　第3章1
（うちかわ　よしかず）

大塚　登　　　元・佐野日本大学短期大学 准教授　　　　第3章3
（おおつか　のぼる）

岡野　真弓　　国際医療福祉大学保健医療学部 准教授　　第3章1
（おかの　まゆみ）

川邊　浩史　　西九州大学短期大学部 准教授　　　　　　第9章3
（かわべ　ひろふみ）

小竹　仁美　　佐野日本大学短期大学 特任准教授　　　　第7章4
（こたけ　ひとみ）

小堀　晶弘　　西日本短期大学 准教授　　　　　　　　　第3章2
（こぼり　あきひろ）

是松いづみ　　福岡こども短期大学 専任講師　　　　　　第1章3，第2章2
（これまつ）

雫石　弘文　　別府大学短期大学部 特任教授　　　　　　第9章2
（しずくいし　ひろふみ）

中村　理美　　西九州大学子ども学部 専任講師　　　　　第4章2・3，第7章1
（なかむら　りみ）

本田　和也　　南九州大学人間発達学部 准教授　　　　　第1章2
（ほんだ　かずや）

松山　郁夫　　佐賀大学教育学部 教授　　　　　　　　　第6章4，第8章3，第9章1
（まつやま　いくお）

八十田晶子　　大泉保育福祉専門学校 保育科学科長　　　第6章1・2
（やそだあきこ）

イラスト：飯田　裕美（認定こども園 常磐会短期大学付属常磐会幼稚園）
（いいだ　ひろみ）

障害のある子どもの保育・教育
　　　―心に寄り添う援助をめざして―

2020年（令和2年）2月20日　初版発行
2023年（令和5年）1月10日　第3刷発行

編著者　　　小　竹　利　夫
　　　　　　芳　野　正　昭
　　　　　　矢　野　洋　子
　　　　　　猪　野　善　弘

発行者　　　筑　紫　和　男

発行所　　　株式会社 建　帛　社
　　　　　　　　　　 KENPAKUSHA

〒112-0011 東京都文京区千石4丁目2番15号
　　　　　　TEL　（03）3944-2611
　　　　　　FAX　（03）3946-4377
　　　　　　https://www.kenpakusha.co.jp/

ISBN 978-4-7679-5113-3　C3037　　　　　壮光舎印刷／常川製本